MARK HANDFORTH **SMOKE**

Museo Villa Croce Genova
23.06 — 04.09 2016

MARK HANDFORTH **SMOKE**

a cura di / curated by
Ilaria Bonacossa

MUSEO D'ARTE CONTEMPORANEA VILLA CROCE

SilvanaEditoriale

SOMMARIO / CONTENTS

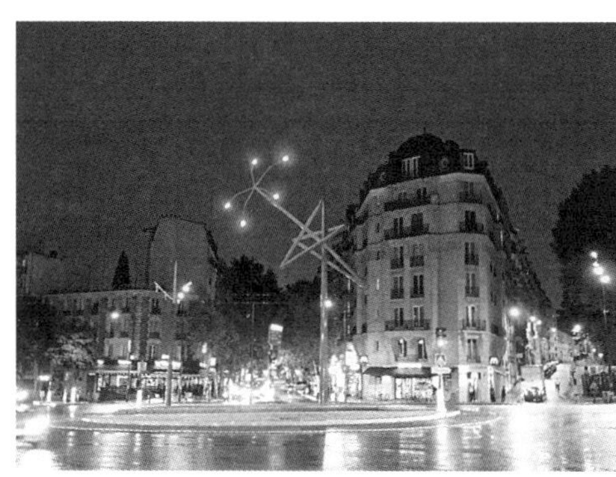

NEGLI INTERSTIZI

Fra l'idea / E la realtà / Fra il gesto / E l'atto / Cade l'ombra
—T.S. Eliot, *Gli uomini vuoti*

È come se il linguaggio fosse costantemente impegnato nell'atto di elogiare sé stesso, giacché, nel momento in cui io parlo, quell'io è già passato. Preso coscienza di ciò, diventa oltremodo importante considerare l'interstizio, lo spazio che sta in mezzo: se il mio enunciato, infatti, annuncia la propria transitorietà nell'atto stesso della sua enunciazione, tanto più l'esser stato viene celebrato dalla caducità di un oggetto familiare, o dall'atto del divenire, imprigionato in tal modo nell'immagine di una battaglia contro il suo ultimo respiro.
È al contempo luttuoso e vitale, questo interstizio, perché quello spazio che sta in mezzo ci permette di parlare della presenza di un oggetto, anche quando, come in molte delle sculture di Mark Handforth, l'oggetto sembra contenere – in sé e di sé – soprattutto la morte del suo sé precedente, lasciandoci in mezzo a un'evocazione, un'immagine-ombra, e non un tutto… non tutto…

Fra la concezione / E la creazione / Fra l'emozione /
E la responsione / Cade l'ombra —T.S. Eliot, *Gli uomini vuoti*

La poetica dell'opera di Mark Handforth sta nell'interstizio, nell'ombra, nel divario e – come fanno la musica, la migliore scrittura e l'arte – dipende da questo spazio: da questo, a quello… a quell'altro… a quell'altro ancora. Lo vediamo accadere in opere come i suoi lampioni, i segnali stradali, le insegne al neon, dove gioca con i concetti dell'indeterminato, con i concetti del non-tutto.

Twisted Lamp post Star, 2012
Porte de Bagnolet, Paris
Acciaio, alluminio, vernice e corpo illuminante / Steel, aluminum, paint and lamp head

Saffron Star, 2013
Governors Island, New York
Alluminio, vernice poliuretanica / aluminum and polyurethane paint

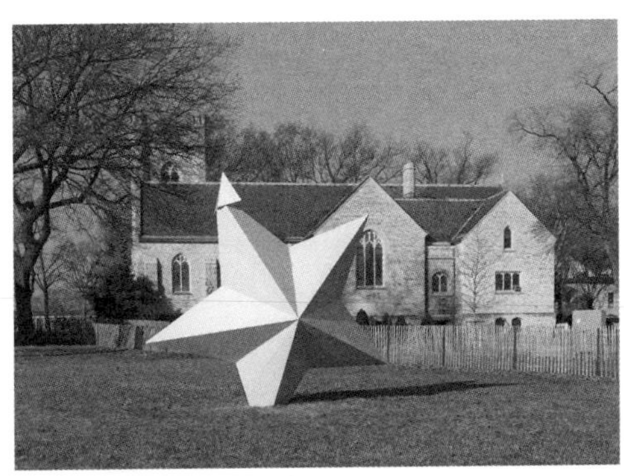

IN THE IN-BETWEEN

Between the idea / And the reality / Between the motion / And the act / Falls the Shadow
— T.S. Eliot, *Hollow Man*

Language, it seems, is perpetually in the act of eulogizing itself, for in the moment I speak: I, the I is past. It seems important, in the face of this, to consider the space between, the gap; for if my utterance proclaims its own passing even as I open my mouth, how much more is this passing eulogized by a familiar object felled, or in a stance of falling, captured thus, in an image of struggle against its last gasp. It is both mournful, and vital too, that gap. For that space between allows us to speak of the presence of an object, even when, as in many of Mark Handforth's sculptures, what the object in and of itself most seems to be marking is a death of its former self, leaving us amidst an evocation, a shadow image, a not quite... not quite...

Between the conception / And the creation / Between the emotion / And the response / Falls the Shadow — T.S. Eliot, *Hollow Man*

The poetics of Mark Handforth's work resides in the in-between, the shadow, the gap, and – as does music, or the best writing, and art – it depends on that space: on the this, to that... to that... to that. We see this in works such as his *Lamposts*, and street signs, and neon pieces, where he is playing with notions of the indeterminate, with notions of the not quite. In this regard, when speaking of his twisted *Lampost*, which sat squarely in front of Central Park, Mark tells us, "The model for that piece was a flower on a long stem that I plucked from the garden and then 'knicked' – it's a piece dealing with Vanitas, with passing." The lamposts at Villa Croce point more clearly, though more evocatively too, toward the natural world, allusively connecting to it through their branch-like structures; those branches, like roots, drawing us in like eager liquid.

Between the desire / And the spasm / Between the potency / And the existence / Between the essence / And the descent / Falls the Shadow
— T.S. Eliot, *Hollow Man*

But Mark Handforth's stars and streetlamps, his suns and Vespas, speak equally to the presence of an object, as to its passing, from what they once were as objects so familiar as to be invisible, to a space of presence and indeterminacy at once; a shadow of their former selves, now staring us straight in the face, causing us to regard them and ourselves in relation to them anew. What is more impersonal than a lampost, for instance? Yet Mark is able to take that object and transform it into a personally poeticized, temporal experience, and thus leave us to ponder questions of contingency, and presence, and flow, and vitality, and entropy, all in equal measure.
Through Mark's various interventions upon the familiar object, we are thrust into a porous space inhabited by relationship, by ideas of how things function in relation to each other, and to ourselves.

I see my exhibitions as "landscapes." Every work is closely connected to the other works on view and together they create a totality in the space. — Mark Handforth

For Henri Bergson the question of totality is at the heart of how we image objects and relationships in the world at large, and thus experience our place in it. Bergson laments the primacy of scientific analytical thought, which form of knowledge he terms the geometric order. The triumph of the enlightment, geometric order relies on knowledge acquired through a breaking up of a whole into artificial units which can then be understood through laws or patterns applied from without.
For many of us this is the only way we trust our understanding of the world around us. But for Bergson there is another kind of knowledge, another possibility of knowing: one based on a vital order, which depends on the temporal and thus cannot be broken up into individual units. He calls this other form of knowledge the intuition. The intuition can grasp a succession and a "growth from within" he tells us ("Matter & Memory"). Bergson believes in the interconnectedness of all things, belying the primacy of the singular object "... does not the

A questo proposito, quando parla del suo lampione ritorto, posizionato ad angolo retto davanti a Central Park, Mark ci dice: "Per quel pezzo ho preso spunto da un fiore dal gambo lungo che ho raccolto in un giardino e poi l'ho 'colto'. È un pezzo che parla di *vanitas*, di impermanenza." I lampioni a Villa Croce ci indirizzano in maniera chiara ed evocativa verso il mondo naturale, creando allusivamente una connessione attraverso le strutture a ramo; quei rami, come delle radici, ci attirano quasi come un liquido desiderato.

Fra il desiderio / E lo spasmo / Fra la potenza / E l'esistenza / Fra l'esistenza / Fra l'essenza / E la discendenza / Cade l'ombra — T.S. Eliot, *Gli uomini vuoti*

Le stelle, i lampioni, i suoi soli e le Vespa di Mark Handforth, però, parlano tanto della presenza di un oggetto quanto della sua transitorietà: da quelli che un tempo erano oggetti così familiari da diventare invisibili, a uno spazio al contempo di presenza e indeterminatezza; un'ombra del loro sé precedente, che ora ci fissa dritti in faccia, costringendoci a guardare loro, e noi in relazione a loro, con occhi del tutto nuovi. Per esempio, cosa c'è di più impersonale di un lampione? Eppure Mark è capace di prendere questo oggetto e trasformarlo in un'esperienza poetica personale, temporale, abbandonandoci a riflessioni su temi che riguardano la contingenza, la presenza, il flusso, la vitalità e l'entropia in egual misura. Attraverso i diversi interventi di Mark su oggetti familiari, veniamo conficcati in uno spazio poroso, abitato da relazioni, da idee sul funzionamento delle cose in relazione le une alle altre e con noi stessi.

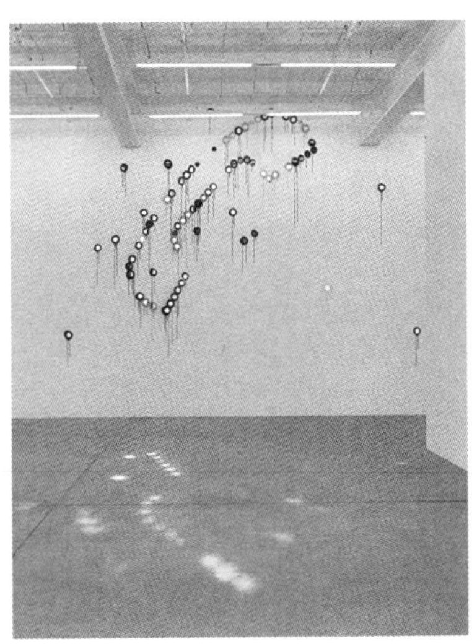

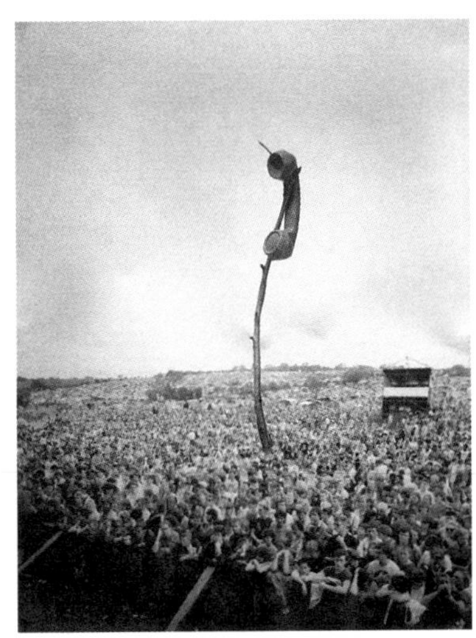

Phone Holes Floating and Tearing Apart, 2013
Veduta dell'istallazione / Installation view, Galerie Eva Presenhuber, Zurich
Inchiostro, fori di dimensioni variabili / Ink, holes, dimensions variable

Collage for painted Phone, 2013

Vedo le mie mostre come "paesaggi". Ogni opera è strettamente connessa alle altre esposte e, insieme, creano una totalità nello spazio. — Mark Handforth

Per Henri Bergson, la questione dell'interezza è al centro del modo in cui immaginiamo gli oggetti e le relazioni nel mondo nel suo complesso, e di conseguenza di come esperiamo il nostro posto all'interno di esso. Bergson deplora la supremazia del pensiero scientifico-analitico, che dà forma al tipo di conoscenza che egli definisce "ordine geometrico". Trionfo dell'illuminismo, l'ordine geometrico si fonda sulla conoscenza acquisita attraverso la scomposizione di un tutto in unità artificiali, che poi possono essere comprese attraverso leggi o modelli forniti dall'esterno. Per molti di noi, questo è il solo modo per fidarci della nostra stessa comprensione del mondo, ma per Bergson c'è un altro tipo di conoscenza, un'altra possibilità di conoscere: una possibilità basata su un ordine vitale, che dipende dalla dimensione temporale e che quindi non può essere scomposta in singole unità. Bergson chiama quest'altra forma di conoscenza, intuizione. L'intuizione è capace di afferrare una successione e una "crescita dall'interno", ci dice (*The Creative Mind*, p. 35). In più, Bergson crede nell'interconnessione di tutte le cose, che sconfessa il primato del singolo oggetto, "...la finzione di un oggetto materiale isolato non implica una specie di assurdità, dal momento che questo oggetto trae le sue proprietà fisiche dalle relazioni che intrattiene con tutti gli altri, e deve ciascuna delle sue determinazioni, e quindi la sua stessa esistenza, al posto che occupa nell'insieme dell'universo?" (*Materia e memoria*, p. 19).

Dimensione temporale e interconnessione. In che modo si attivano questi concetti nel produrre arte, nel realizzare sculture? Forse, se accettiamo l'idea di Bergson di conoscenza intuitiva, l'idea secondo la quale le cose non possono essere isolate e "conosciute", allora la nostra esperienza può procedere per strati, spingendosi verso una meta, una presenza esperita nella relazione, come qualcosa che permette lo slittamento, l'elaborazione e il flusso. Il modo in cui *Shadow Sun* di Mark Handforth, spandendosi per la villa, mettendo in discussione la rigidità dei muri, mette in evidenza questa successione, volta alla comprensione poetica della teoria bergsoniana della conoscenza intuitiva. Insorgono necessariamente considerazioni sulla dimensione temporale e, con essa, sul divario temporale, su ciò che sta in mezzo. Gertrude Stein e Virginia Woolf, Robert Smithson e Dan Graham, Ana Mendieta e Robert Barry, e altri ancora, hanno portato avanti questo concetto della dimensione vitale nell'arte. Anche per Mark Handforth queste considerazioni appaiono centrali. Mettendo in discussione l'assolutismo di muri, questo sole sembra contraddire l'arbitrarietà degli spazi e delle distinzioni, aprendo invece un'idea di differenza tra gli spazi, tra le sue opere, al contempo chiamando in causa la successione,

Black Star, 2014
Veduta dell'istallazione / Installation view,
Gavin Brown's enterprise, New York

Telephone Road, 2015
Veduta dell'istallazione / Installation view,
Kayne Griffin Corcoran, Los Angeles

lo iato tra le cose, e infine, attraverso la sua presenza un tutto unificante. L'oggetto isolato è un'istanza, sembra dirci il sole, spingendoci continuamente verso la stanza successiva, mettendo ogni cosa in rapporto con ciò che la circonda, portando a una nuova vibrante profondità.

> **Quello che gli uomini chiamano ombra del corpo, non è l'ombra del corpo, ma il corpo dell'anima**
> — Oscar Wilde

Nel momento in cui inizio a pensare a me stessa in relazione a questi oggetti un tempo familiari, riattivati quando Mark Handforth li colloca nello spazio, entro a far parte del paesaggio di prodigi e il mio sé si dissolve parzialmente in questa riflessione moto-temporale. Il ricordo, che è invocato in tutti i nostri pensieri, aiuta la comprensione, favorisce l'intuito del moto vitale che deve per necessità parlare anche a una morte che costantemente accade. È il mio aggrapparmi a un momento che verrà, un momento che verrà, che mi permette di sostenere il dolore per questo momento che già è passato, è già stato.

> **Era questo lo scopo degli esperimenti: inviare degli emissari nel Tempo, chiedere al passato e al futuro l'aiuto per il presente** — *La Jetée*

Come può un giovane di Londra rapportarsi all'idea di paesaggio quando si trova improvvisamente a vivere a Miami? Certamente il ricordo ha qualcosa a che fare con questo. A Londra, Mark è cresciuto con l'abitudine di osservare e soppesare l'architettura del passato, quindi era abituato a inclinare leggermente la testa all'insù, impegnato com'era a misurare la propria posizione in relazione al mondo.

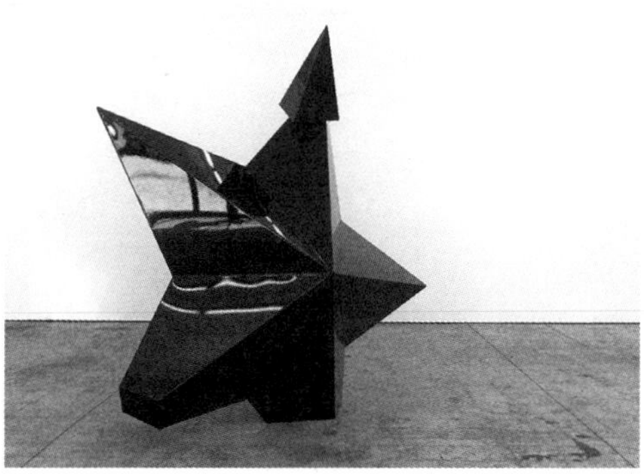

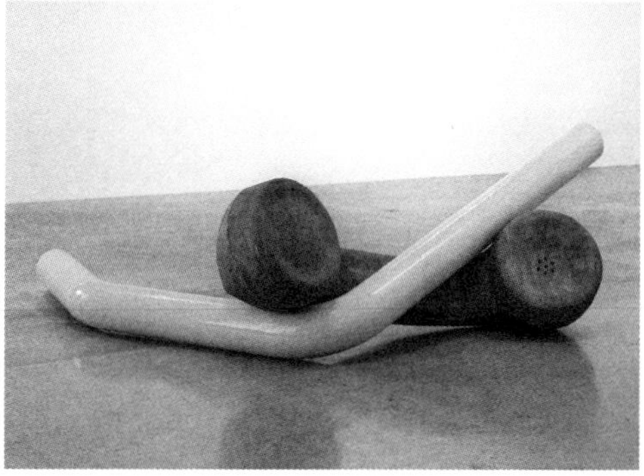

Ma quando Mark, poco più che ventenne e ormai trasferitosi a Miami, inclinò la testa allo stesso modo, tutto ciò che vide furono i lampioni. E le insegne al neon: un paesaggio sconfinato di luci artificiali. Quando percorse le strade del suo paesaggio d'adozione, Mark fu braccato da immensi segnali stradali che ruggivano continuamente comandi. Fu allora che iniziò a considerare profondamente tutto questo, a poeticizzare la città in cui aveva scelto di abitare, a fare proprie tutte queste cose e giocare con loro, e poi a pensare cosa avrebbe significato collocarle in uno spazio inteso come spazio di riflessione...

> **Le mie sculture... si occupano della situazione "dei fatti di strada". "Di strada" in senso letterale: lampioni, insegne, idranti, pneumatici e tutto il resto, e con le implicazioni esistenziali di questi fatti.** — Mark Handforth

Mark colloca inoltre gli oggetti in luoghi pubblici, così da creare un approccio inaspettato. E sembra amare il disorientamento che genera nell'osservatore, il quale si trova improvvisamente messo a confronto con la propria dimensione in relazione a quella di oggetti un tempo familiari. Mark però apprezza anche l'azione del pubblico sulle proprie sculture: i diversi modi in cui gli altri mettono in scena la sua opera è una sorta di apogeo per lui.

> **...La scultura è ancor più esplicitata dal suo uso / abuso pubblico. Quando un'opera entra nel dominio pubblico, sta facendo il proprio ingresso nell'ignoto. Ed è questo il momento in cui l'opera comincia a funzionare. È una sorta di collaborazione fra te e tutte quelle persone.**
> — Mark Handforth

Quando vuole che le persone siano coinvolte nella sua opera, agiscano su di essa, vi si arrampichino, scrivano su di essa, si arrabbino contro di essa, Mark si sta riferendo alla vita, al tempo, alla vitalità. Ciò che ognuno di noi fa con l'opera è un atto personale, ma nel momento dell'interazione, questi oggetti sono anche sé stessi, oltre che il veicolo affinché qualcosa succeda fra noi stessi e l'artista. È allora che il materiale diventa immateriale, come idea, pensiero, spazio di approccio e interazione. È allora che entriamo nell'interstizio. La giocosità inerente al suo prendere questi codici mondani e attivarli è vitale. Nel suo lavoro c'è una qualità tipica del fumetto, uno stupore infantile, un umorismo che facilita il nostro ingresso e ci dà lo spazio per essere attivi in relazione a esso, per partecipare al gioco.

Flagpole, 2016
Museo Villa Croce, Genova

Per lo psicanalista inglese D. W. Winnicott, il gioco avviene sempre nello spazio magico fra le cose. Non è mai solo mio o solo tuo, e nemmeno solo nostro, perché si colloca in uno spazio di non possesso. Questi concetti derivano dalle sue teorie sullo spazio

fiction of an isolated material object imply a kind of absurdity, since this object borrows its physical properties from the relations which it maintains with all others and owes each of its determinations, and, consequently, its very existence to the place which it occupies in the universe as a whole?" (*Matter & Memory*).

The temporal and interconnectedness. How does one activate these ideas when making art; when making sculpture? Perhaps if we accept Bergson's notion of intuitive knowledge, that things can not be isolated and "known" then our experience can be based on a layering, a pointing toward, a presence as experienced in relation, as something that allows for shifitng, and process, and flow. There's a way in which Mark Handforth's sun, spreading through the villa, challenging the delineating walls, points toward this succession, toward a poeticized understanding of Bergson's theory of intuitive knowledge. Considerations of the temporal necessarily come in for Bergson, and with the temporal, the gap, the in-between. Gertrude Stein and Virginia Woolf, Robert Smithson and Dan Graham, Ana Mendieta and Robert Barry, others too, have taken on this concept of the vital in art. For Mark Handforth, as well, these considerations seem central. For in denying the absolutism of those walls, Mark's sun argues against arbitrary differentiating spaces and distinctions, allowing instead for a difference between the spaces, between the works themselves, while at the same time referring to succession, the gap between, and, ultimately, through it's presence, a unifying whole. The isolated object is an instance, the sun tells us, while it continually points us toward the next space, constantly in relation to all around it, and it is thus that it gains its depth, it's vibrant strength.

What men call the shadow of the body is not the shadow of the body, but is the body of the soul — Oscar Wilde

The moment I begin to think about myself in relation to these once familiar objects reactivated as Mark places them in the space, I become a part of the landscape of wonder, and my selfness partially dissolves in the midst of this consideration of motion and time. Memory, which is invoked in all of our thoughts, helps our understanding, aids in our grasp, of the vital motion, which must of necessity speak also to a death constantly occuring. It is my faith in a *moment to follow*, a moment to follow, that allows me to withstand the pain of the passing of this one.

This was the aim of the experiments: to send emissaries into Time, to summon the Past and the Future to the aid of the Present — *LaJetée*

What might a young man from London do with the idea of landscape when finding himself suddenly living in Miami? Memory, of course, has something to do with it. In London, Mark grew up accustomed to gazing at and pondering the architecture of the past, and was thus used to tilting his head in a slightly upward position in constant consideration of his place in relation to his world. But when Mark, in his early twenties and now in Miami, held his head at that same tilted angle of consideration, all he could see was street lamps. And neon: an interminable landscape of artificial light. When he traveled the roadways of his adopted landscape, Mark found himself hounded by the immense road signs roaring constant commands. And he began to consider all of this deeply, to poeticize the city he now inhabited, to take all of these things and play with them, and then to think about what it might mean to place them in a space that is meant as a space of reflection...

My sculptures... deal with "the facts on the ground." Literally the "facts on the ground"– lamp posts, signs, hydrants, tires, you name it – and with the existential implications of those facts. — Mark Handforth

He situates his objects in public places too, so as to create an unexpected approach. And he seems to love the disruption that this generates in the viewer, when suddenly confronted by their own size in relation to these once familiar objects. But Mark also relishes the public acting upon his sculptures. This seems to be a sort of pinnacle for him, the various ways in which others enact his work.

...sculpture is made all the clearer by its public use/misuse. When a work goes into the public realm, it's entering into the unknown. And that's when the work starts working. It's kind of like a collaboration between you and all those people. — Mark Handforth

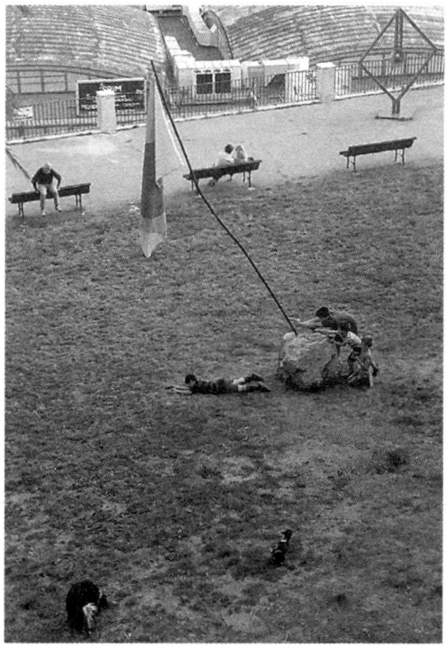

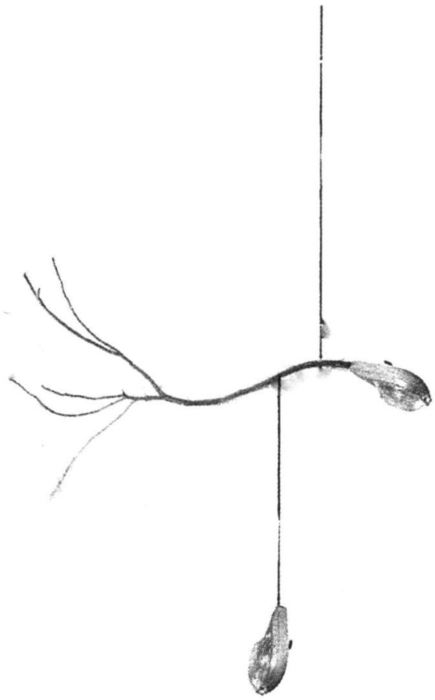

Untitled Drawing (branch), 2016

When he asks that people become involved with the work, act upon it, climb it, write on it, become enraged, he is speaking to life, to time, to vitality. What each of us does with the work is ours, but in the moment of interaction these objects are themselves too, as well as a vehicle for something to happen between ourselves and the artist. It is then that the material becomes immaterial as idea, as thought, as a space of approach and interaction. It is then that we enter the in-between. The playfulness inherent in his taking these huge mundane ciphers and activating them is vital too. There is a cartoon quality in his work, a certain childlike awe, a humor which eases our entrance and allows us the space to be active in relation to it, to play along.

For the British psychoanalyst D. W. Winnicott, play always occurs in the magical place between things. It is never fully mine nor yours, nor yet ours, for it lies in a place of non-ownership. These concepts come from his theories of the transitional space, a space first inhabited by the breast (or bottle), and later by transitional objects (a blanket, a toy) which aid in the maneuvering from the internal world of "I," to the external world of "we."
These transitional spaces, and the objects which represent them, are spaces of paradox as they are neither fully in nor out; they are, rather, related to both, but different from each. They are imaginative places of non-closure, places which allow for the paradox "it is me and not me" a paradox which in his book, *Playing and Reality*, Winnicott asks not be resolved but rather "accepted and tolerated and respected" in its state as paradox. These shadow spaces, these spaces of paradox, are the spaces which play inhabits. They are the places which Mark activates through his work, for they are the spaces where two subjectivities can come together in a creative way.
Because play is an intersection of non-ownership where creativity can occur, where a coming together as equals is possible, it is play that makes communication viable, play that allows for collaboration. If one or the other side in this interaction tries to dominate, the space closes down, the motion stops. But if it remains open, with both sides respecting the flow, the space remains active.

Looking at a sculpture and being a sculpture involves hanging around and engaging with everything, the space all around and everyone else and that's socially active. — Mark Handforth

This intermediate space of paradox, of play, always allows us an entrance, denying a belief in an absolute, in a dominant sensibility. There is the artist, and the viewer, and the work, and the possibilities are boundless when we open up and allow motion, process, to occur.
As in Winnicott, there is a sense of freedom, of life, of choice, inscribed into Bergson's insistence that we consider the temporal, relations, the porous. Handforth's work does this by providing us with a dynamic layering of material, each object pointing us in a multitude of directions, a part of the motion, a presence through interconnectedness, activating the space by aiding us with a sense of our own presence, with memories, chance encounters, literary and filmic and musical references, a cacophony of allusions in each of his landscapes.
An iceberg suggestive of depths beneath, a painting flowing in wax, a parodic moon that weeps all night, neon light infusing and thus inhabiting the space with us, a rope coiling, recovering itself, perhaps, as we must recover ourselves all the time, a shadow dropped, a shadow in motion, life itself...

transizionale, uno spazio in primo luogo abitato dal seno materno (o dal biberon), e in seguito dagli oggetti transizionali (una coperta, un giocattolo), che aiutano il bambino a passare dal mondo interno dell'io a quello esterno del noi. Questi spazi transizionali, e gli oggetti che li rappresentano, sono spazi di paradosso, perché non sono mai completamente interni o esterni; sono invece in relazione con entrambe le dimensioni, e al contempo diversi da esse. Sono luoghi immaginativi di non chiusura, luoghi che permettono il paradosso del "sono io e non sono io", un paradosso che nel suo libro *Gioco e realtà*, Winnicott chiede di non risolvere, ma di "accettare, tollerare e rispettare" in quanto paradosso. Questi luoghi d'ombra, questi luoghi di paradosso, sono gli spazi abitati dal gioco. Sono gli spazi che Mark attiva attraverso il proprio lavoro, perché sono gli spazi in cui due soggettività entrano in contatto in maniera creativa.
Dal momento che il gioco è un'intersezione di non possesso in cui può manifestarsi la creatività, dove è possibile entrare in relazione da pari, è il gioco a rendere praticabile la comunicazione, è il gioco a consentire la collaborazione. Se una delle due parti dell'interazione tenta di dominare, lo spazio si chiude, il movimento si ferma. Se invece resta aperto, con entrambe le parti che rispettano il flusso, lo spazio resta attivo.

> **Guardare una scultura ed essere una scultura comporta muoversi nello spazio e farsi coinvolgere da tutto, da tutto lo spazio e da tutti coloro i quali sono socialmente attivi.**
> — Mark Handforth

Questo spazio intermedio di paradosso, di gioco, ci consente sempre un ingresso, negando la fede in una sensibilità assoluta e dominante. Ci sono l'artista, l'osservatore e l'opera, e le possibilità sono sconfinate, quando ci apriamo e consentiamo che avvenga il movimento, il processo. Come in Winnicott, c'è un senso di libertà, di vita, di scelta inserito nell'insistenza di Bergson a considerare la dimensione temporale, le relazioni, l'aspetto poroso. L'opera di Handforth lo attua fornendoci una stratificazione dinamica di materiale, con ciascun oggetto che ci porta in una moltitudine di direzioni, una parte del movimento, una presenza attraverso l'interconnessione, che attiva lo spazio aiutandoci con un senso della nostra stessa presenza, con i ricordi, gli incontri fortuiti, i riferimenti letterari, cinematografici e musicali, una cacofonia di allusioni in ciascuno dei suoi paesaggi.
Un iceberg che allude alle profondità al di sotto di esso, un colore che fluisce nella cera, una luna caricaturale che piange tutta la notte, una luce al neon che pervade – e quindi abita – lo spazio con noi, una corda spiraleggiante, che forse si recupera come noi stessi dobbiamo recuperarci continuamente, un'ombra gettata, un'ombra in movimento, la vita stessa...

Veronica Gonzalez Peña

UNA CONVERSAZIONE SULLA MOSTRA

Ilaria Bonacossa / Mark Handforth

Ilaria Bonacossa: Cominciamo dal principio. Fin da subito hai scelto *Smoke* come titolo per la mostra, un titolo che mi ha sorpresa e che a livello formale aveva poco in comune con il progetto che avevi sviluppato in risposta allo spazio. Puoi spiegarmi questo titolo?

Mark Handforth: È una parola bellissima, con la sua lunga *o* al centro, che va alla deriva fino alla fine... l'italiano, *fumo*, è simile... con quella lunga *u*. Tutto nasce da un cartello stradale, *fogsmoke*, che mi piace moltissimo perché le due parole non hanno proprio nulla a che fare l'una con l'altra: una descrive un vapore umido e l'altra una polvere secca, trasportata dall'aria. Quell'accostamento appare splendidamente arbitrario, una scelta estetica basata unicamente sulla somiglianza del loro aspetto e della percezione che ne abbiamo. Le grandi sculture della mostra fluttuano tutte nello spazio – sono mobili, e gran parte della loro pesante e imponente presenza evoca l'idea di una linea sospesa e un senso di flusso e movimento. Diventano libere e distanti da sé stesse. Lo stesso vale per il pavimento: le linee di luce sono chiaramente artefatte, ma nonostante questo sembrano fluttuare, staccandosi dalle ingombranti strutture che le definiscono. Immagino che questa strana dualità sia ciò che vedo in *smoke*, in quanto parola, certo, ma anche come segnale e forma. Tutta quella cenere nera che svolazza libera, rannuvolandosi, espandendosi e racchiudendo tutto, ma a stento ne avvertiamo la presenza.

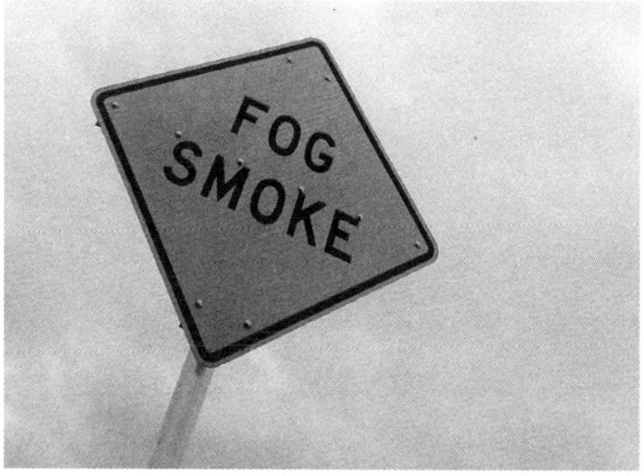

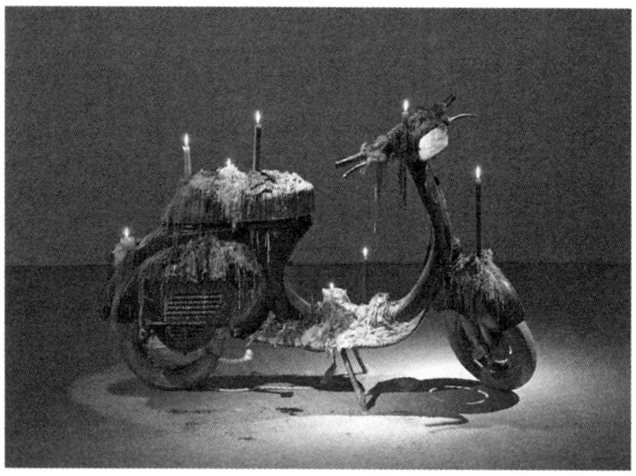

Fog / Smoke warning sign, 2015, Florida Highway

Vespa Candles, 2001
Veduta dell'istallazione / Installation view, Migros Museum für Gegenwartskunst, Zurich

IB: Ho scoperto il tuo lavoro a Torino nel 2002, con la tua prima mostra alla Galleria Franco Noero. In quell'occasione erano già presenti molti dei tuoi temi, come i lampioni contorti e le Vespa. Sono rimasta affascinata dalla tua interpretazione della scultura contemporanea che usa *objects-trouvées*, non come pure espressioni concettuali, ma trasformandoli e caricandoli di una poetica personale. Era evidente che avevi partecipato personalmente alla fabbricazione delle sculture, ma la "mano dell'artista" era del tutto assente. Quella mostra mi ha fatto pensare alle opere di Isa Genzken, per la sua libertà, il sottile umorismo e il fatto che tu abbia studiato in Germania forse non è una coincidenza. Solo in seguito ho scoperto che, a Francoforte, in realtà avevi studiato con un altro artista tedesco, Martin Kippenberger, quindi le cose sono diventate più chiare. In che relazione stanno, quindi, i tuoi lampioni ai suoi?

MH: Penso siano completamente diversi, ma senza dubbio c'è un riferimento, un omaggio. L'opera di Kippenberger, iconoclasta e critica verso le immagini, proviene da una cultura tedesca post-bellica molto specifica... mentre io no, chiaramente. Io vengo da Hong Kong, e questa è tutta un'altra storia. Lui però ha stravolto l'idea di come un artista possa essere e di come possa lavorare. E questa è stata, per chiunque sia entrato in contatto con lui, un'esperienza molto liberatoria. Considero i suoi lampioni, come del resto tutta la sua produzione, come autoritratti in cui si sente fortemente la presenza dell'artista... il lampione è una specie di oggetto di scena, una gruccia, un corrimano; la scultura è ubriaca quanto il suo artefice.
Quando sono arrivato in America, gli enormi lampioni che costeggiavano le autostrade sembravano sentinelle di un bizzarro panorama elettrico. Il nostro rapporto con oggetti, come i lampioni (che non scegli, ma ti vengono dati, un po' come i parenti), è pubblico e comune, ma anche distante; è quindi solo nel momento in cui diamo fuoco a un bidone dell'immondizia che questo diventa improvvisamente – e in modo inatteso – personale o bellissimo. Quando torciamo, pieghiamo e distorciamo queste cose, liberiamo una sorta di poetica violenta.
Idealmente, una scultura si fa da sé... e a volte accade. Vedere la mano dell'artista o sentire che l'oggetto è carico di energia, sono due cose diverse. Può sembrare strano, ma quanto più duramente lavoro, tanto più facile mi sembra ciò che sto facendo. Il risultato visibile di tutto questo intenso sforzo è spesso, e paradossalmente, la sua apparente semplicità... come se la scultura nascesse da un respiro.

IB: E, invece, secondo te quali sono le differenze tra le sculture di Isa Genzken e le tue e perché sono più contemporanee?

MH: Probabilmente, l'aspra libertà del suo lavoro, quel modo assolutamente sgombro ma anche del tutto specifico con cui tratta materiali e cose. Anche il modo in cui usa il *collage*, sia reale che per certi versi implicito, è qualcosa che ammiro; la facilità con cui stratifica e distorce superfici, elementi solidi e immagini. Proprio quella sensazione di avere abbastanza controllo sul lavoro da lasciare le cose come sono, cosicché il materiale e il significato e la forma e la lettura dipendano dall'interpretazione; perché l'arte è una sorta di azione in libertà, ed essere privi da costrizioni è una vera rappresentazione di questa libertà. Quando quella casuale, precisa libertà è assente, l'arte non ha molto senso. Ovviamente anche l'uso che Genzken fa degli specchi e delle lamine riflettenti, scomponendo forme rigide in forme proiettate e forme fluttuanti... (qui, forse, sto pensando anche al mio lavoro). Uso spesso le pellicole riflettenti dei segnali stradali, che sembrano proiettare in avanti le superfici piane; c'è quindi una sorta di parte proiettata che fluttua davanti alla parte concreta e i loro confini si confondono. Nelle sculture con i segnali stradali, i testi scuri come NO diventano vuoti, cavità su un piano cromatico brillante.

IB: Vorrei tornare alla prima tua mostra che ho visto, e a un'opera così emotivamente toccante ma allo stesso tempo così sottilmente malinconica, che non l'ho mai dimenticata. Una Vespa che prende vita attraverso il costante scioglimento di una polifonia di candele colorate che piano piano la coprono di una sottile nuova pelle.

MH: All'epoca vivevamo a Roma, all'American Academy; Dara Friedman, mia moglie, aveva vinto il Rome Prize. Era una città strana in cui lavorare, era difficile sapere cosa fare con tutto quello che ci circondava, con tutta quella bellezza. Finimmo entrambi a osservare le persone in strada, Dara riprendeva le coppiette e io continuavo a vedere degli *scooter*. Erano davvero ovunque: parcheggiati dove capitava, occupavano spazio e segnavano gli angoli. Sempre in equilibrio, sempre sfacciati. Io avevo comprato una Vespa 50 a Porta Portese e l'avevo portata dentro lo studio, per evitare che mi venisse rubata (il che era ironico, data la sua provenienza). Iniziai a mettere delle candele sul manubrio senza pensarci... sai come succede, quasi in *trance*. E il risultato era piuttosto bello, magico. All'inizio volevo farne una fontana e la cera fusa si avvicinava all'effetto voluto, sembrava acqua. C'era qualcosa di barocco in quell'immagine di pozzanghera d'acqua creata dalla cera fusa arbitrariamente, come se stessi cercando di conservarla nel tempo, nello stile di

A DIALOGUE ON THE SHOW
Ilaria Bonacossa / Mark Handforth

Ilaria Bonacossa: Let's start from the beginning; you chose early on, *Smoke* as the title for the show, a title that surprised me, and that formally had little in common with the project which you had been developing in response to the space. Can you explain its origin?

Mark Handforth: It's a beautiful word, with it's long O in the middle and just drifting off at the end... the Italian, *fumo*, is similar too... with that long U.
It comes originally from a road sign, *fog smoke*, that I like very much because the two words have absolutely nothing to do with each other; one is wet moist vapour, the other dry airborne dust. Their pairing seemed beautifully arbitrary, an aesthetic choice based purely on the similarity of how they both look or how they make you feel. The large sculptures in the show are all floating in space – mobile – and so much of their heavy bulky form suggests instead the idea of a line and a sense of flow and movement. They become free and at a distance from themselves. The floor too, the lines of light are clearly made by, yet appear to hover separately from, the clunky fixtures that define them. I suppose that strange duality is what I see in *Smoke*, as word and sign and form. All that black ash floating free, clouding and spreading and enveloping everything, yet hardly there at all.

IB: I discovered your work in Turin in 2002 with your first show at Franco Noero gallery. Many of your themes were already articulated there, like the crumpled lamp posts and the Vespas. I was seduced by your take on contemporary sculpture that used *objects-trouveés*, not as a pure conceptual statements, but transforming them and loading them with your personal poetics. It was clear that you had been personally involved in fabricating the sculptures yet the 'hand of the artist' was completely absent. The show made me think of the work of Isa Genzken in its freedom and subtle humour and the fact that you studied in Germany is not a coincidence. Only later did I read that you had actually studied with Martin Kippenberger in Frankfurt and things made more sense. So what is the relation of your lamp posts to his?

MH: I think they are completely different, but no doubt something of a reference or homage to them. Kippenberger's work, iconoclastic and icon bashing, comes out of a very specific post-war German culture.... and I clearly don't, I come from Hong Kong, which is another story altogether. But he threw wide open the idea of what an artist is and how he or she could work; and for anyone, especially students, who came in contact with him that was a truly liberating experience. I see his lamp posts, like I see all his work, as self-portraits, with the presence of the artist heavily felt... the lamppost is a kind of prop or crutch or handrail; the sculpture is as drunk as its maker. When I came to America, the massive highway lamp posts felt more like sentinels of a strange electric landscape. Our relationship to things like lamp posts (you didn't choose them, they're given, like family) is public and communal, but also distant; so its only when we actually set a trash can on fire that it becomes suddenly, and unexpectedly, personal or beautiful. When we twist and bend and distort these things, we release a kind of violent poetry. Ideally, a sculpture would just make itself.... and sometimes they do. Seeing the artist's hand, or sensing that the object is loaded with energy, are two different things. Ironically, the harder I work, the easier it looks. The visible outcome of all that intense effort is often, paradoxically, its apparent ease.... like its just been breathed out.

IB: And instead what do you think is different and made more contemporary in Isa Genzken's work?

MH: Probably the very pointed looseness in her work, the totally unencumbered yet totally specific way she has with materials and things. Also the collaging, both real and somehow implied is what I so much admire; the easy layering and distorting of surface and solid and image. The sense that you are in control enough to just let things be, so the material and the meaning and the form and the reading are all yours for the taking; because art is a kind of freedom of action, and unbeholden looseness is a true representation of that freedom. When that casual, precise freedom is absent there's just not much point. Clearly too, Genzken's use of mirrors and reflective foils, breaking hard forms into projected forms and floating forms... I guess I'm also talking about myself here. I use the reflective films of highway signs, which seem to throw the flat planes forward; so there is a kind of projected piece floating in front of the material piece and it's boundaries are all confused. In the sign sculptures, dark texts like NO become like voids, cavities in the glowing colour plane.

IB: So I want to go back to that first show I saw, and to the one work that was so emotionally striking and at the same time subtly melancholic that I never forgot it. A *Vespa* that becomes alive through the constant melting of a polyphony of coloured candles that slowly cover it in a subtle new skin.

MH: We were living in Rome then, at the American Academy; Dara Friedman, my wife, had won the Rome Prize. It was a strange city to make work in, it was hard to know quite what to do with it all; with all that beauty. We both ended up looking at people on the street, Dara filmed lovers and I just kept seeing scooters. They really were everywhere, casually kick-standed, occupying space and holding corners. Always poised, always with an attitude.
I had bought a *Vespa 50* at Porta Portese and had brought it inside the studio so it wouldn't get stolen (ironic, given its provenance).
I just started putting candles on the handlebars without thinking... like you do, trance-like. And it was quite beautiful, quite magical. I had originally intended to make a fountain and the molten wax almost got me there, almost water. There was something Baroque about this picture of pooling water that the molten wax created purely by accident, as if

Bernini. E, come qualunque fontana, era un pezzo che continuava a creare sé stesso, che non finiva mai, privo di un termine all'orizzonte. La cera copre la *Vespa*, ma alla fine la cera cadrà, proprio nel momento di massima bellezza… e tu la devi semplicemente lasciare andare, tutte quelle splendide stalattiti e stalagmiti di cera distrutte. Amo questa caratteristica, la mancanza di limiti, il modo in cui le diverse persone posizionano le candele, creando l'opera stessa. Non sono quasi mai io a farlo, la scultura è lontana da me, quindi prende vita da sé, il che è ciò che vorrei succedesse a tutte le mie opere, ma non è detto che succeda.

IB: Sì, la tua *Vespa*, nelle sue trasformazioni, evocava immagini di chiese.

MH: Sì, le chiese, ovviamente, ma anche i grotteschi candelieri fatti con le bottiglie a Scarpetto sul Gianicolo e i piccoli santuari e le teche arrangiate sulle pareti e i marciapiedi di tutta Roma, o di qualunque città italiana. La *Vespa* si era creata da sé, era il successivo passaggio logico. Di certo non è trascurabile il fatto che mio padre sia un sacerdote anglicano e io abbia trascorso gran parte della mia infanzia nelle chiese, quindi le candele sono per me familiari, una specie di disegno… l'aspetto mistico e quello materiale intrecciati in un oggetto che finisce per essere buttato. I tubi di luce fluorescente sono uguali in qualche modo: mistici e banali.

IB: Quindi questo senso di malinconia, così importante per l'arte occidentale, è evocato in maniera prepotente dal tuo lavoro e visitare le tue installazioni mi ha sempre fatto pensare alla perversa relazione fisica fra gli esseri umani e le megalopoli americane, al sentirsi troppo piccoli, sensazione che non appartiene al paesaggio europeo. Allo stesso tempo, i tuoi grandi oggetti / sculture (lampioni, stelle, appendiabiti), con il loro aspetto ammaccato, mi fanno venire in mente *King Kong*, il film originale, quando alla fine l'enorme scimmia rade al suolo Manhattan, distruggendo edifici, piegando lampioni; afferra aerei tra le mani… forse quel film è stato il mio primo sguardo sulle città americane, o forse l'incomprensione fra uomo e natura, fra modernità e arcaismo è stata emotivamente coinvolgente.

MH: Nel suo disordinato dolore, noi parteggiamo davvero per King Kong. È lui la vera vittima e noi lo sappiamo. La città lo ferisce, lo porta a una follia confusa. Per King Kong, il problema della dimensione è fin troppo reale… troppo grande per funzionare, la sua immensità sovrasta persino la grandezza di New York… quindi deve morire! Tante dimensioni diverse, tutte disallineate… e questo è un problema. Il problema del rapporto tra uomo e natura è che l'uomo è immerso nella natura; gli impulsi di King Kong sono pressoché gli stessi delle minuscole persone che camminano per strada sotto di lui, le quali, facendo le debite proporzioni, schiacciano mosche, strappano erbacce e riducono i giornali a brandelli.
La mia interpretazione della città nasce analogamente dalla mia passione per le imprescindibili assurdità di scala… gli enormi segnali stradali che devono essere leggibili da un chilometro e mezzo di distanza e andando ai 110 km/h, l'affusolata linea dei cavi elettrici che deve correre più in alto dell'altezza dell'albero della nave che vi transiterà sotto, quindi stanno appesi alti nell'aria, come se stessero per volare via. Queste perversioni sono le pieghe e le distorsioni dell'esistenza funzionale delle metropoli e ho sempre pensato che abbia una sorta di anima. Ami una città più per le sue peculiarità che per i suoi evidenti successi. Le forme ammaccate sono sempre un po' malinconiche, anche se questo accade semplicemente perché abbiamo lacerato l'involucro, la maschera e possiamo sbirciare all'interno… il che ci porta a ipotizzare che esista un interno.
Quindi… la bizzarria di questa relazione, quel senso di dislocazione della metropoli che si espande, il costante movimento del traffico che si fa strada lungo gli anodini e ondulati nastri di cemento, la dimensione assurda dei cartelli e la cocciuta bellezza della natura che si aggrappa a un tipo di vita che sta sulla linea mediana fra le carreggiate… non è esattamente positiva, ma è eccitante nel suo essere terribile. Ed è anche dove trovo me stesso, non in qualche rassicurante distopia (perché questo implicherebbe una fine dei giochi giustamente distruttiva), ma in uno strano e disgustoso *continuum*… finché, tra cinquant'anni, l'oceano non ci ingoierà tutti! Tutto questo è malinconico, forse, ma abbracciare la strana entropia della situazione può essere abbastanza rassicurante. Penso che le sculture prendano ispirazione da questa realtà, la loro dimensione fuori scala (come quella di King Kong) e la strana bellezza nel loro stato incurvato e distrutto (sempre come King Kong).

IB: In che modo tutto questo si lega alla mostra?

MH: Si tratta dell'inconsueta vulnerabilità di questi grandi fogli di alluminio che rilasciano la stella da quella che dovrebbe essere un'iconografia brutalmente rigida, rendendola cadente, pendente, fluttuante… brillante, massiccia e libera. Nella stanza accanto, invece, la spessa bacchetta di ottone lunga quindici metri che si piega, si curva e si torce fino a raggiungere il gigantesco gancio da lampadario sul soffitto potrebbe essere anche solo un disegno nello spazio, che occupa il volume vuoto della stanza con soltanto una linea

sotto-forma di colossale appendiabiti, piegato con forza e appeso al gancio.
Guarda la *Red Star* nella monumentale tromba delle scale, è perfetta là, sospesa in questo straordinario doppio cubo bianco dall'elaborata *grandeur* classica, con i lunghi scalini bassi e il corrimano tipo "Sunset Boulevard". Tutto quel metallo rosso battuto, piegato e contorto sembra pronto a tornare in vita, come se la stella fosse solo una punta carica di energia, una massa pre-cinetica sul punto di espandersi, una sorta di curiosa particella intrappolata nell'aria delle scale.
Le sue linee di luce colorata – viola, ambra, giallo-bianca – descrivono una differente velocità, un movimento, come un treno in corsa, gettando parti della scultura nell'ombra più fonda, mentre altre parti brillano di un rosso bizzarro... il moderno e l'arcaico... linee brillanti che non si spengono quando chiudi gli occhi.
Voglio dire, amo la distopia quanto chiunque, ma diciamocelo: è una fantasia. Tutti dovremmo crescere nella distopia anziché nei sobborghi perché la distopia è piena di gloriosa malinconia, mentre i sobborghi sono desolanti.

IB: Forse è questo il motivo per il quale la copertina del 1972 di *Casabella* realizzata da Alessandro Mendini teorizzava: "Il nomadismo e la tribù come alternative alle difficoltà della proprietà e della famiglia minimale, o della città istantanea, siano esse sotterranee o permanenti come liberazione dall'architettura accademica; la sintesi diretta di tecnologia avanzata con l'uomo nel suo senso primordiale come modo per uscire dalla palude della nostra burocrazia-dittatura; il rifiuto del lavoro come condizione necessaria per recuperare una civiltà meditativa, le cose che sono state narrate per contrastare i disegnatori di Topolino, che ci assicurano che li terrà a mente".

MH: Molto vero! Forse il gorilla è davvero un artista...

IB: Concentrarsi su una scultura come *Capricorn*, un cerchio di bronzo che mostra le asperità e le imperfezioni del tempo e della mano umana, sembra articolare la relazione fra scultura e produzione industriale, fra la scomparsa nell'arte contemporanea della mano dell'artista e allo stesso tempo il rifiuto dell'assenza di una relazione tra l'artista e l'opera, che gli oggetti generati con le stampanti 3D e i computer stanno creando...

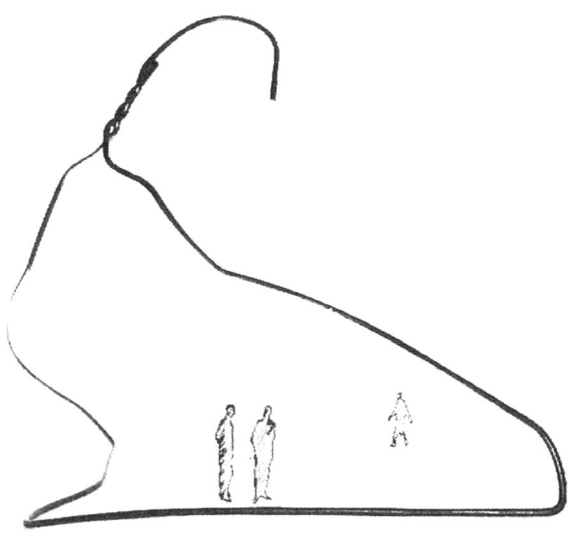

Untitled Drawing (Yankee Hanger), 2016

MH: L'anello è fatto quasi interamente a mano, piegando il metallo sotto i piedi e poi girandolo attorno a un albero. È un modo semplice e primitivo di realizzare un oggetto, di lavorare un materiale. La produzione

industriale consiste nello sbarazzarsi degli errori e delle imperfezioni, mira alla conformità e all'uniformità. Si tratta anche di ottimizzare i costi, di farlo con velocità e sicurezza. Continua a fare le cose di persona, in questo la penso come William Morris, che vede il processo produttivo come un principio sociale… che ritiene che la produzione di massa, per quanto entusiasmante, impoverirà tutti. Nelle cose fatte a mano si palesa una sorta di anima probabilmente legata al fatto che si vede la manualità umana. Le sculture contemporanee sono per loro natura industriali, ma per quanto inefficiente sia la loro produzione, esse incarnano un dialogo tra ciò che esiste come prodotto e la modalità con cui questi "prodotti" possono raccontare il mondo.
Sono sostanzialmente interessato alla scultura come riflesso diretto dei miei pensieri e della mia volontà. Al contempo, uso spesso processi industriali piuttosto complessi, acqua ad alta pressione, presse per la piegatura computerizzata, scanner 3D su larga scala e tecniche industriali per lo stampaggio a sabbia, ma li considero parte del mio processo produttivo, sto in qualche modo delegando alle macchine, ma non rinunciando al processo creativo. È come se realizzassi dei *ready-made* personali. Detto questo, so che mi piacerebbe produrre un'opera industrialmente, estendere davvero la conversazione a un pubblico vasto, che non è pronto ad accoglierla e a cui non importa nulla dell'arte contemporanea. Mi ci avvicino molto quando lavoro a progetti su commissione pubblica nelle piazze, che mi permettono di arrivare a più persone.

IB: Torniamo alla mostra, nel salire le scale del museo si viene accolti da *Golden Ring*, un semplice cerchio (Vasari, nel suo saggio sulle vite degli artisti, racconta che Giotto disegnò un cerchio perfetto a mano, di fronte agli emissari del papa, per dimostrare il proprio talento). Come riesce a formalizzare gli innumerevoli segni del passare del tempo? Sembra un antico gioiello sopravvissuto alla storia… Allo stesso tempo si tratta di una forma semplice che mi sembra dialogare in qualche modo con la *Colonna infinita* di Constantin Brancusi, a dimostrazione del fatto che la scultura può diventare un disegno, un concetto, più che un oggetto…

MH: Qui l'anello è un disegno a mano libera, in metallo malleabile, non è per nulla perfetto… più simile alle erratiche orbite dei pianeti o degli insetti. Può solo sembrare in qualche modo antico… come lo sono gli anelli. In *Ivanhoe*, Cedric il sassone ha un anello di bronzo attorno al collo che lo tiene in scacco e controlla la veridicità delle sue parole; nei disegni tantrici dello stesso periodo (un Medioevo fittizio), l'anello diventa un passaggio verso un altro sé. Non sono sicuro se sto pensando a queste cose mentre creavo il lavoro o se esse sono inconsciamente presenti…

Questo cerchio infinito, che appare negli anelli e nelle rotonde, nelle autostrade orbitali e nei disegni tantrici, è una forma inevitabile, che deve essre. Sembra bastare a sé stessa, sia come idea che come oggetto, e sembra esistere tanto fuori da ciò che la circonda quanto dentro. Penso alla *Colonna infinita* di Brancusi, esattamente negli stessi termini. C'è un oggetto, e poi c'è la tua idea di esso, il ricordo che ne hai… sono tutti un po' diversi, quindi la vera scultura sembra fluttuare libera dal contesto mondano in cui è inserita. Ciò che la rende reale, il materiale che la fa esistere, è fantastico, ma la matericità è anche un sottile sostituto per un'idea che è troppo bella per essere espressa. L'anello è una cosa infinita ma che contiene già la propria fine.

IB: Allo stesso modo, sento che l'idea del disegno è fondamentale per i tuoi lampioni e per gli appendiabiti piegati che occupano lo spazio e contemporaneamente incarnano una linea tridimensionale. Tu disegni? O sviluppi le sculture a partire da *maquette*? La forma nasce dalla relazione con la forza del piegare o da un disegno?

MH: In effetti disegno, disegno continuamente su piccoli taccuini, anche se non ho mai esposto i miei disegni, perché sono un modo privato di riflettere sulle cose. Realizzo anche piccoli *collage*, per afferrare il senso dei miei pensieri, o per spiegare le mie idee agli altri. Penso che molte delle mie opere finite siano esse stesse una specie di disegno.
Disegnare, come metodo, come approccio personale alla scultura, è solo una risposta fisica a ciò che vedi, alle idee che hai in testa; serve per buttare giù le idee, fissarle in qualche modo nel mondo solido, prima di perderle. Quindi, il processo concettuale può diventare fisico, tangibile. E, sì, associo gran parte del processo concreto di realizzazione delle sculture a una specie di disegno… come alla libertà della linea. Forse questo è più chiaro in *Diamond Hanger* o *Golden Ring*, ma è anche molto vero per quanto riguarda la grande opera di luce sul pavimento, *Shadow Sun*, che è di per sé una serie di linee disegnate nello spazio, il disegno a tratti di una generica struttura fluorescente sui motivi marmorei del pavimento; un disegno di luce che sfida i parametri posti dalle pareti. *Twisted Red Star* proviene dalla calligrafia cinese, della quale mi sono occupato per tanto tempo… rapidi movimenti di metallo rosso che fluttuano come pennellate. È una sorta di modello piatto per la tridimensionalità… esclamazioni gestuali e un codice di curve.

you were trying to hold it in time, Bernini-like. And, like any fountain, it was a piece that would keep making itself, never finished, no particular end in sight. The wax covers the Vespa, yet the wax will always fall off in the end, just when it's most extraordinary... and you have to just let it go, all those beautiful waxen stalactites and stalagmites destroyed. I love that quality to the piece, the lack of limits, the way all sorts of people place the candles, make the piece; it's almost never me, the sculpture is at a distance from me. So the piece takes on a life of its own, which is what you really want all your work to do, but doesn't necessarily happen.

IB: Yes your *Vespa*, in its transformation, evoked images of churches.

MH: Yes, churches of course, but also the grotesque candelabra bottles at Scarpetto on the Gianicolo and the tiny shrines and haphazard arrangements on walls and sidewalks all over Rome, or any Italian city. The *Vespa* just made itself, it was the logical next step. Not unimportant too, is that my father is an Anglican clergyman and I spent most of my childhood in churches, so candles are something of a second nature to me, like a kind of drawing... the mystical and the material all rolled into one disposable object. Fluorescent light tubes are the same: mystical and banal.

IB: So this sense of *melancholia*, which is so important for western art, was strongly evoked by your work, and visiting your installations made me think of the perverse physical relationship between humans and mega-American cities, the feeling of being dwarfed, which is not part of the European landscape. At the same time your large *objects / sculptures* (lamp posts, stars, hangers) in their battered appearance make me think of King Kong, the original movie, when at the end the huge monkey tears Manhattan down, destroying buildings, bending lamp posts; he grabs planes with his hands... Well, maybe that movie was my first peek at American cities, or maybe the incomprehension between man and nature, between modernity and something archaic was always emotionally gripping.

MH: But we really feel for King Kong, in his dislocated pain. He is the real victim there and we know it. The city just hurts him, drives him to a crazed, confused frenzy. For King Kong the problem of scale is all too real... too big to function, his grandness and scale overwhelming New York's own size... so he has to die! Several different scales, all misaligned... and that's a problem. The problem of man and nature is that man simply is nature; King Kong's impulses are about the same as those of any of the tiny people on the street below, swatting flies and ripping up weeds, shredding newspapers.
My sense of the city is similarly a love of the necessary absurdities of scale... the vast highway signs meant to be read from a mile away at 70mph, the spindly light rail line that has to run higher than the mast of a passing ship so it hangs high in the air above the river like its about to float away. These perversions are the twists and turns of functional existence and they have a kind of soul to them, I have always thought. You love a city more for its peculiarities than its clear successes. Battered forms are always slightly melancholic, though that's simply because we've broken the veneer and can peer inside.... so we have to assume that there is an inside then. So.... the strangeness of that relationship, the dislocation of the vast sprawling city, the constant movement of traffic snarling its way along bland undulating ribbons of concrete, the absurd scale of signs and the stubborn beauty of nature clinging to a kind of life in the median between the traffic lanes... it's not exactly good, but it is thrilling in its own awful way. And it's also where I find myself, not in some reassuring dystopia (because that would imply an appropriately crushing endgame to all this), but rather in a strange crappy continuum... until the ocean swallows us up in fifty years! Is that melancholic, perhaps, but in embracing the weird entropy of the situation it can also be quite affirming. I think the sculptures take their position from that reality, their scale all out of scale (like King Kong's) and strangely beautiful in their bent and battered state (also like King Kong).

IB: How does all this relate to the exhibition?

MH: Its the uncanny vulnerability of those large aluminium planes of *Freeway Star* that release the star from what should be a brutally stiff iconography, and so it flops, languid and loose, hanging, floating... bright and massive and free. Whilst in the next room, *Diamond Hanger*, fifteen meters of thick brass rod, bending, curving and twisting its way to the giant chandelier hook in the ceiling might be just a drawing in space, occupying the empty volume of the room with nothing but a line in the form of a colossal coat hanger, yanked open and hooked on the hook. Or *Twisted Red Star* in the grand stairwell, so perfect there, suspended in this extraordinary white double-cube of ornate classical grandeur; with its long low steps and Sunset Boulevard handrail. All that crushed and crumpled and folded red metal feels ready to spring back as if the star is just a point of tense energy, a pre-kinetic mass about to expand, some curious particle trapped in the air of the stairs. Its lines of coloured light, violet and amber and yellow-white, describe a kind of speed or motion, like a passing train, and cast parts of the sculpture into extreme shadow, while other parts glow freakishly red... the modern and the archaic... bright lines that won't extinguish when you close your eyes. I mean, I love dystopia as much as anyone. But let's face it, it's a fantasy. We would all rather grow up in dystopia than in suburbia. Dystopia is filled with glorious melancholy, while Suburbia is just empty.

IB: Maybe this is why the cover of 1972 "Casabella" magazine made by Alessandro Mendini theorized: "Nomadism and the tribe as alternatives to the difficulties of property and the minimum family, or the instant city, whether underground or non-stop as a liberation from academic architecture; the direct synthesis of advanced technology and man in his primordial sense as a way out of the morass of our bureaucracy-dictatorship; the rejection of work as a necessary condition to the recovery of a meditative civilization, the things that have been told by counter designers to Mickey Mouse, who assures us that he will keep them in mind."

MH: Maybe the gorilla is really an artist...

IB: Focusing on a sculpture like *Golden Ring*, a circle in bronze that bears the bumps and imperfections of time and human hand, seems to articulate the relationship between sculpture and industrial production, between the absence of the artist's hand and at the same time your refusal of the absence of the artist's

Disegnare è un processo continuo libero, perché permette di fare ciò che si vuole, mentre la scultura comporta il peso della materia, della propria massa e, proprio per questo, potrebbe sembrare difficile metterle insieme. Penso, però che sia in questa tensione tra qualità contrarie: la leggerezza e il peso, la danza gestuale della linea e la resistenza della materia, che nasca l'opera.

IB: Tu sei uno dei pochi artisti contemporanei che ha fatto degli interventi negli spazi pubblici una parte importante del suo lavoro. L'opera entra così in un dialogo articolato con artisti come Claes Oldenburg, ma anche Anthony Caro e Alexander Calder. Negli ultimi anni, però, lavorare nello spazio pubblico è diventato sempre meno "cool", se mi passi questa semplificazione, perché implica una produzione per un pubblico generalista di non esperti d'arte, non è per i collezionisti, e comporta ogni sorta di interpretazione e lettura errata... In un certo senso, questo possibile fraintendimento ha anticipato ciò che adesso accade a ogni opera d'arte che viene pubblicata su web, perché l'artista perde la sua autorialità. Eppure le grandi sculture pubbliche mettono in atto una speciale relazione con lo spazio, creando un dialogo personale con ciascun passante... possiamo dire che in un certo senso attivano uno scambio intimo?

MH: Sì, penso stia succedendo esattamente questo. Nel momento che in una piazza chiedi alle persone di portare qualcosa di sé nell'opera, si creerà sempre un'esperienza intima, una lettura personale. In virtù del fatto che si trova in uno spazio pubblico, poi, il senso di proprietà pubblica di questi oggetti dà ai passanti l'agio di guardare, ponderare ed esprimere i propri pensieri in un modo che altrimenti non sarebbe possibile. Nella sua essenza, l'arte è un dialogo... un dialogo bizzarro, squilibrato, assurdo, ma pur sempre un dialogo. Se ci rifiutiamo categoricamente di intraprendere una conversazione più aperta, felici di stare in scatole vuote, racchiusi nel piccolo mondo dell'arte contemporanea, allora penso che stiamo sostanzialmente scegliendo la comodità all'impegno. L'arena pubblica può essere molto difficile, può dare credito/fama ad alcune delle peggiori opere esistenti, installate per le più bieche ragioni burocratiche o finanziarie, e spesso disprezzate dal pubblico al quale vengono "donate". Di tanto in tanto, però, appare un'opera brillante, che inizia a fare magie con le centinaia, magari le migliaia, di persone che le vedono... un Franz West, un Pierre Huyghe, una Sarah Lucas, un Lawrence Weiner, nel tempo consentono alle persone di aprire la mente a qualcosa che forse non hanno mai considerato né immaginato o sognato. Quando ero adolescente, nella Londra degli anni ottanta, mi sono imbattuto in strane sculture pubbliche (William Pye, Eduardo Paolozzi, reliquie di un'epoca più ottimista), che ho adorato, a dispetto della loro desolazione e del loro apparente abbandono. Amavo la loro compostezza, il loro atteggiamento di sfida, il modo in cui si ergevano nelle piazze, che le collocava all'interno di quell'ambiente e fuori dal tempo, ma mai fuori contesto, perché il contesto della città era la bizzarria, la dislocazione e l'alterità. In seguito, quando sono andato all'accademia d'arte di Francoforte, ho trovato un'opera di Bruce Nauman installata là, una struttura a forma di rombo fatta di cemento, nella quale potevi entrare dalle aperture praticate negli angoli; era opprimente e brillante, fuori posto e al contempo in grado di definire in maniera nuova quel luogo. Ecco perché realizzo opere pubbliche, perché alcune delle migliori opere mai realizzate sono pubbliche... pensa per esempio a *Spiral Jetty*.
Ciò che avviene online, il modo in cui le immagini delle tue opere si muovono fuori dal tuo controllo, è davvero un'estensione della natura pubblica dell'opera. Devi essere sicuro che l'opera sia salda, che stia insieme, che sopporti l'abuso e la manipolazione; poi la lasci andare, incollata e costretta nella visione distorta di qualcun altro, un senso dell'opera del tutto staccato da quello che avevi tu, eppure in qualche modo questo è fantastico. Devi riuscire a goderti il processo, consentirne la stranezza per arricchire l'opera, diventarne parte.

IB: Quando stavi finalizzando il progetto di *Smoke* per Villa Croce, hai concepito un'installazione da pavimento spettacolare, ma allo stesso tempo minimale, *Shadow Sun*, che consiste in una serie di tubi luminosi fluorescenti di diversi gialli che evocano i raggi di un sole invisibile e uniscono tutte le stanze della villa in un unico ambiente artificiale. Questa installazione mette in discussione la relazione con l'orizzonte che si staglia sul mare e la realtà fisica del paesaggio fuori dalle finestre, creando al contempo un equilibrio bipolare fra la tensione sospesa delle sculture appese ai ganci del lampadario e la consapevolezza di camminare in un labirinto di luce...

MH: Villa Croce è uno spettacolare spazio non neutrale e tutto – dai soffitti dipinti alle immense distese del pavimento di marmo bianco – chiede partecipazione. Sei in collusione con questo edificio e devi riuscire a farti guidare dallo spazio, pur sfidandone l'architettura. Stranamente, il pavimento sembrava già esistere in una sorta di realtà alternativa rispetto al resto dell'edificio... la sua matrice di rombi di marmo nero sembra attraversare ininterrotta la sequenza di pareti e porte, come se queste barriere fisiche non esistessero. Ignorando straordinariamente questi limiti imposti,

relation to the work which 3D printers and computer generated objects are creating...

MH: The ring was formed almost entirely by hand; bent under my foot and pulled around a tree. It's a simple, primitive way of making an object, of working material. Industrial production is so much about ridding the process of mistakes and imperfections, of striving for conformity and uniformity. It's also about a kind of efficiency of cost and speed and certainty. I do believe in the making of things myself, I tend toward the William Morris side in seeing that as a kind of societal principle... that mass-production, exciting as it is, will ultimately make most everybody poorer. There is a kind of evident soul in things that are made and a big part of that is simply the humanness evidenced.
Sculpture is a kind of industrial production anyway, albeit an incredibly inefficient one, so a dialogue between the things of the world and the things we make about the world, is implicit from the start. I'm fundamentally concerned with the sculpture as a direct reflection of my thoughts and my will. At the same time I often use quite complex industrial processes, water jets, computerized folding presses, large scale 3D scanners and industrial sand-box casting techniques, but I see that as part of my own process and work, delegating somewhat, but not relinquishing the event of making. More like making my own ready-mades.
That said, I know that I'd love to mass-produce, to really extend the conversation to a huge audience who aren't prepped to take it and who just don't care. The closest I get to this is when I work on public commissions. Which is a way of scaling up the audience.

IB: So climbing the stairs you are welcomed by *Golden Ring*, a simple circle (Vasari in his treaty on the life of artists recounts that Giotto drew a free hand perfect circle in front of the Pope's emissaries as a way of demonstrating his talent). How can it bear so many signs of the passage of time? It looks like an ancient jewel that has survived history...
At the same time it's a simple form that I feel dialogues in some way with Constantin Brancusi's *Infinite Column*, demonstrating how sculpture can become a drawing, a concept, more than an object...

MH: The ring here is a drawing, freehand in soft metal, and not perfect at all... more like the erratic orbits of planets and insects. It can't help but feel ancient somehow... rings just are. In Sir Walter Scott's *Ivanhoe*, Cedric the Jester has a bronze ring set around his neck to keep him in check and control his truths; while in Tantric drawings of the same (fictional, Dark Ages) period, the ring becomes a passageway to another self. I'm not sure if these are things I'm thinking of as I make the work, or if they are thick in the air at the time of making... This endless circle, which appears in rings and roundabouts, in orbital motorways and tantric drawings, is an inevitable form, bound to happen. It feels entirely self-contained, both as an idea and as a thing; and seems to exist as much outside of its surroundings as in them. I think of Brancusi's *Infinite Column* very much like that. There is the piece and there is your idea of the piece and your memory of the piece... they're all a little bit different, so the real sculpture seems to float free of its mundane context. The stuff that makes it real, the material that makes it part of the world is wonderful, but its physical body is also an exquisite stand-in for an idea that is a bit too beautiful to be expressed. The ring is a thing that is infinite and yet contains its own end.

IB: In the same way, I feel, the idea of drawing is central to your bent lamp-posts and hangers that occupy space while at the same time embodying a 3D line. Do you draw? Or do these sculptures develop out of maquettes? Is the form born in relation to the force of bending or to a drawing?

MH: I do draw, I draw all the time in small notebooks, though I haven't shown the drawings, they're really just my private way of working things out. I also make small collages to get the sense of what I'm thinking or to explain the ideas to other people. I think of many of the finished pieces themselves as a kind of drawing. Drawing as a method, as an approach to making sculpture, is just an unflinching response to what you see, to the ideas in your head; to getting the idea down, fixing it somehow in the solid world before you lose it. So the conceptual process can become a physical, tangible process. And yes, I think of much of the physical process of making the sculptures as a kind of drawing... as freedom of line. That's maybe most clear in the *Diamond Hanger* or the *Golden Ring*, but it's also very true of the large light piece on the floor, *Shadow Sun*, which is itself a line drawing in the space, a drawing in lines of generic fluorescent fixtures on the patterned marble floor and a drawing in light that defies the parameters of the walls. *Twisted Red Star*, riffs on Chinese calligraphy, which I spent so much of my life surrounded by... swift red movements of metal, floating like brushstrokes. It's a kind of flat template for three dimensionality... gestural exclamations and curving code.
Drawing is a process constantly at liberty to do as it wants, while sculpture mostly involves material and mass. So it would seem an unlikely fit. But I think it's probably in that tension of contrary qualities: the lightness and the weight, the gestural dancing freedom of the line and the resistance of the material that the work makes itself.

IB: You are one of the few contemporary artists who has made public interventions a crucial part of your practice. The work thus enters into an articulate dialogue with artists like Claes Oldenburg but also Anthony Caro and Alexander Calder. In recent years though working in public space has been less and less 'cool' if you allow me the simplified concept, as this implies producing for a generalist public of non art experts or collectors and allowing for all sort of misinterpretation and reading... In a way this possible misinterpretation has anticipated what happens now to any art-work which is published on the web, as the artist looses all authorship. Yet these large public sculptures enact a special relationship with space creating a personal dialogue with each passer-by, can we say that in some way they activate an intimate exchange?

MH: Yes, I think that's what's going on. Because what you're asking people to bring to the work is something of themselves, it will always be a personal experience, a personal reading; and by virtue of being in public space, the sense of communal ownership of these objects gives the passer-by room to look and ponder and express their thoughts, when they maybe otherwise wouldn't.
Art is, in essence, a dialogue... a weird one, an oblique one, an absurd one, but a dialogue all the same. If we are categorically unwilling to take on any larger conversation, happier to stay in white boxes, within the echo

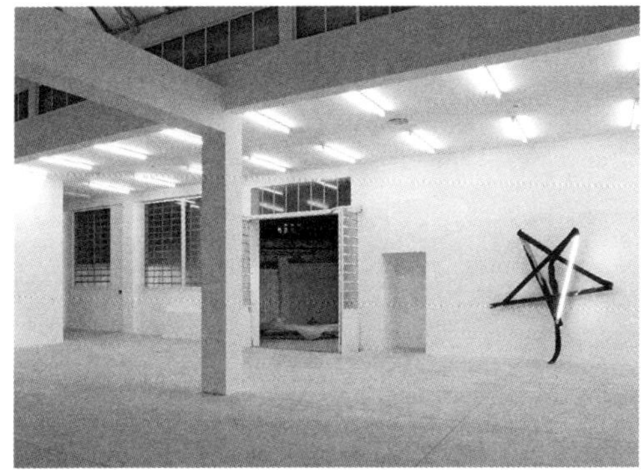

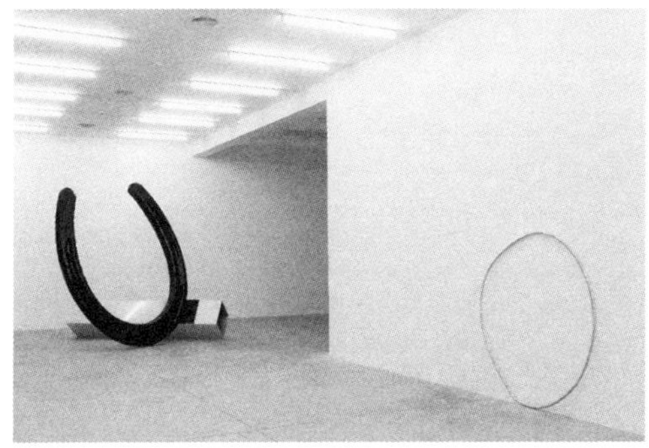

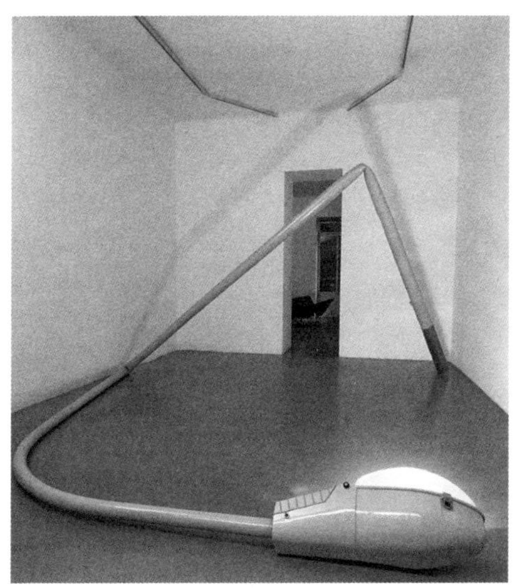

Capricorn, 2013
Veduta dell'istallazione / Installation view,
Galleria Franco Noero, Torino

Lamp post, 2002
Veduta dell'istallazione / Installation view,
Galleria Franco Noero, Torino

chamber of a tiny art world, then I think we're basically choosing comfort over engagement. The public arena can be very uncomfortable, with a reputation for some of the worst work imaginable, installed for all the worst bureaucratic or corporate reasons and often thoroughly despised by the public its 'given' to. But every now and then a quite brilliant piece appears and starts to work its magic with hundreds, maybe thousands of people... an Ana Mendieta, a Franz West, a Pierre Huyghe, a Sarah Lucas, a Lawrence Weiner, over time allowing people to open up their minds to something they maybe never considered or imagined or dreamt. As a teenager in 1980's London, I would come across strange public sculptures (William Pye, Eduardo Paolozzi, relics of a more optimistic moment), which I absolutely loved, in spite of their desolation and apparent abandonment. I loved their composure, their defiance, the way they stood contained within themselves in place and outside of time, but never out of context, because the context of the city was weirdness, dislocation and otherness. Later, when I came to art school in Frankfurt, a Bruce Nauman piece was installed there, a diamond structure of concrete walls that you could enter from openings in its corners, oppressive and brilliant, out of place yet seeming to define the place so completely. That's why I make public work, because some of the best works ever made are actually public... look at *Spiral Jetty*, for example.
What happens online, the way images of your own work move around completely outside of your control is really just an extension of the public nature of the work. You have to be sure that the work is tight, that it holds itself, holds up to all the abuse and manipulation; then let it go, pasted and co-opted into someone else's Tumblr or Instagram vision, a sense of the work so completely removed from your own, yet sort of fantastic somehow. But you have to enjoy the process, allow the strangeness of the process to enrich the work, be part of the work.

IB: When finalizing *Smoke* for Villa Croce you conceived a spectacular yet minimal floor installation, *Shadow Sun*, of varied yellow fluorescent light tubes that evoke the rays of an invisible sun, uniting all the rooms of the villa in an artificial environment. This installation questions the relationship with the sea-view horizon and it's physical reality outside the windows, at the same time it creates a bi-polar balance between the suspended tension of the sculptures hanging from the chandelier hooks and the consciousness of walking in a maze of light...

MH: Villa Croce is a spectacularly non-neutral space; and everything about it, the ornate rooms, the painted ceilings and the huge expanse of white marble floor, implores engagement. You are in collusion with this building and have to allow yourself to be lead by it, while also defying the architecture. Strangely, the floor already seems to exist in a kind of alternate reality from the rest of the building... its matrix of black marble diamonds seem to cut right through the walls and doorways in an unbroken pattern, as if those physical barriers weren't there at all. From that fantastic disregard for imposed limitations, *Shadow Sun* takes its form. The floor becomes a kind of energy field, an unavoidable total work that's not so much about looking, much more about a kind of immersion... of the viewer, of the other sculptures, of the space as a whole. All the large sculptures hang from the ceilings, all light comes up from the ground, seems to float off the white marble floor, an inverted sun that spans the rooms, occupies the building and projects its possible rays endlessly outward to the outer walls and beyond. A drawing on the plan of the villa, that invalidates the walls.
In the small sea-view room at the beginning of the space you decided to include two works from the Museum's collection made by artist/ designer Bruno Munari, who created these hanging sculptures (apparently very close to Calder's mobiles) as a poetic and emotional response to '30s and '40s abstraction developing in northern Italy, why?
For two reasons. Firstly, and actually the way I came to see the Munaris in the first place, is because Villa Croce has a fascinating collection, which tracks a post-war period of extraordinarily radical change and idealism in contemporary art. But it views that period through a quite specific northern Italian prism, so that you are able to see and comprehend these changes as sets of relationships between artworks. It's not a collection of trophies to be shown off at every opportunity. Instead, it's a kind of cabinet to be delved into, where you find incredibly beautiful pieces like the Bruno Munari's, which haven't been shown in a long time. The collection felt like a fundamental element of Villa Croce; and having decided to fully engage the villa and the park and the ocean it made sense to engage the museum's collection somehow. It's such an elemental part of it, even if it's not permanently exhibited. The second, and more obvious reason, is the idea of hanging sculptures... of mobiles... a new modernist language which Bruno Munari had such a pivotal role in creating. He makes no pretense of the mechanical nature of his floating pieces, simply tied with fishing line; yet they have a graceful movement; simplicity of material and a spectacular economy of scale, colour and form. I can't help but see them in terms of a wider modernist project, one that would change the world and empower people through design and architecture and engineering. Munari's work, which encompassed a huge range of ideas, from industrial design to education, is about art as a much greater project than just sticking things in galleries... it really is about an engagement with society, with the world at large.

IB: The show is not confined exclusively inside the villa, but you have installed a public piece in the park overlooking the sea, *Flagpole*, a work that resonates with the tragic quest for a better life across the Mediterranean, as if someone had just taken possession of an island by planting a national flag.

MH: Yes, a flag on an island, a flagpole stuck in a rock; something slightly unmoored, all that's left sitting high and dry, not unlike the wrecked Costa Concordia on the other side of the garden. Flagpoles are all about the absurdity of ownership. The absurdity of staking a claim and sticking your flag in the ground, like the stars and stripes on the Moon or the Russian flag on the deep Arctic seabed. Some flags are markers of unbridled machismo, while others are signals of total desperation, last ditch calls for help. I made this flag specifically to be nobody's flag in particular, or a stand in for all flags, an abstract pattern of coloured silks flapping freely; or hanging limply. A sculpture of a flagpole. So not a flagpole at all.

prende forma *Shadow Sun*. Il pavimento diventa una specie di campo energetico, un'opera totale inevitabile, che non è tanto da vedere ma richiede piuttosto un'immersione… dell'osservatore, delle altre sculture, dello spazio nel suo complesso. Tutte le grandi sculture pendono dal soffitto, tutta la luce sale da terra, sembra fluttuare dal pavimento di marmo bianco, un sole capovolto che si allarga nella stanza, occupa l'edificio e proietta i suoi ipotetici raggi verso l'esterno, all'infinito, oltre le pareti. Un disegno sulla pianta della villa che ne annulla le pareti.

IB: Nella piccola sala vista mare che collega due grandi sale, hai deciso di inserire due opere della collezione del museo realizzate dall'artista/designer Bruno Munari, che ha creò queste leggere sculture sospese (apparentemente molto simili ai *mobiles* di Calder) come risposta poetica ed emotiva all'astrazione italiana degli anni trenta, perché?

MH: Per due ragioni. La prima, e in realtà la cosa che mi ha portato a vedere queste opere di Munari, è che Villa Croce ha una collezione affascinante, che racconta il periodo post-bellico di cambiamenti straordinari e radicali, oltre a una forma d'idealismo nell'arte contemporanea italiana. Un periodo visto però dall'Italia, che ti consente di comprendere attraverso le relazioni fra le opere d'arte questi cambiamenti.
Non è una raccolta di trofei da mettere in mostra a ogni occasione. Si tratta invece di una collezione da esplorare, dove trovi pezzi incredibilmente belli, come quelli di Bruno Munari, che non venivano presentati in pubblico da molto tempo. La collezione è stata per me fondamentale per capire Villa Croce e, avendo deciso di coinvolgere completamente la villa e il parco e il mare su cui si affaccia, ho dovuto in qualche modo far partecipare anche questa, che ne è una parte essenziale (anche se non viene presentata al pubblico in maniera continuativa). Il secondo e più immediato motivo é legato alle sculture appese… mobili… un nuovo linguaggio modernista la cui creazione deve molto a Bruno Munari. Artista che non avanza pretese sulla natura meccanica dei suoi pezzi fluttuanti, legati con semplice filo da pesca; eppure le opere hanno un movimento aggraziato, nella semplicità dei materiali e una spettacolare economia di scala, forma e colore. Vanno viste in termini di un più ampio progetto modernista, un progetto in grado di cambiare il mondo e dare potere alla gente attraverso il design, l'architettura e l'ingegneria. L'opera di Munari, che abbraccia una molteplicità di idee, dal design industriale, alla didattica, si occupa di arte intendendola in senso ampio, non legandola alla semplice esposizione di opere nelle gallerie d'arte… si tratta davvero di impegnarsi per cambiare la società, il mondo nel suo complesso.

IB: La mostra non è confinata solo all'interno della villa, ma hai scelto di installare un'opera pubblica fuori, nel parco affacciato sul mare, *Flagpole*, un'opera che evoca la tragica ricerca di una vita migliore al di là del Mediterraneo, come se qualcuno avesse appena preso possesso di un'isola piantando la bandiera della sua nazione.

MH: Sì, una bandiera su un'isola… evoca anche qualcosa di leggermente disancorato, lasciato in secca, non dissimile dalla Costa Concordia, nel porto sotto il giardino di Villa Croce, appoggiata su un fianco in maniera bizzarra, come piegata su un cavalletto. Piantare una bandiera incarna l'assurdità della proprietà, del rivendicare un possesso con il semplice gesto del piantare una bandiera a terra, come quella a stelle e strisce sulla Luna o la bandiera russa nel profondo Artico, l'Union Jack ai Tropici.
È bellissimo, poi, come mentre alcune bandiere sono segni di grandiosità, altre sono segnali di totale disperazione, l'ultimo grido di aiuto. E la bandiera, di per sé, questo bellissimo motivo di sete colorate che sbatte liberamente muovendosi in aria in ogni direzione, o si accascia mollemente su sé stessa, quasi triste come se fosse tutto finito, è un po' come *Smoke*, presente e insieme assente.

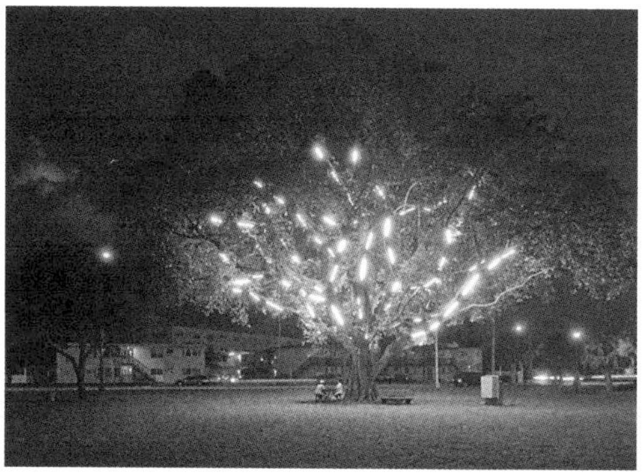

NOTTE AMERICANA

Le monumentali sculture di Mark Handforth sono reliquie di un passato che abita ancora il nostro presente. Un appendiabiti ricurvo, una stella distrutta, un ramo reciso: si tratta di oggetti quotidiani, leggermente sfigurati e dislocati dalla trasformazione materiale e dalle dimensioni gigantesche. La loro presenza costella gli spazi neoclassici di Villa Croce; le loro misure, la loro concretezza e precisa fabbricazione ne pone l'ordinarietà in dialogo con la *grandeur* dell'architettura circostante. Gli oggetti quotidiani sono stati distorti e ricombinati in modi che parlano agli inevitabili effetti del tempo sulla materia. Le sculture esistono in una tensione giocosa con l'architettura che occupa un registro diverso, al contempo familiare e fantastico.

Lampioni, stelle, installazioni fluorescenti: luci e fonti luminose figurano dappertutto nell'opera di Handforth, in particolare rispetto al paesaggio. Questo lo pone nel solco di artisti che parte dai grandi paesaggisti inglesi come Constable e Turner, e arriva ai minimalisti americani come Dan Flavin. Nell'opera di Handforth, è possibile riconoscere il romanticismo di Constable e Turner, ma l'eterno sublime ritratto attraverso il potere della natura i quei dipinti del XIX secolo si sposta, nell'opera di Handforth, verso una poetica Pop che si serve dell'iconografia metropolitana del XX secolo.

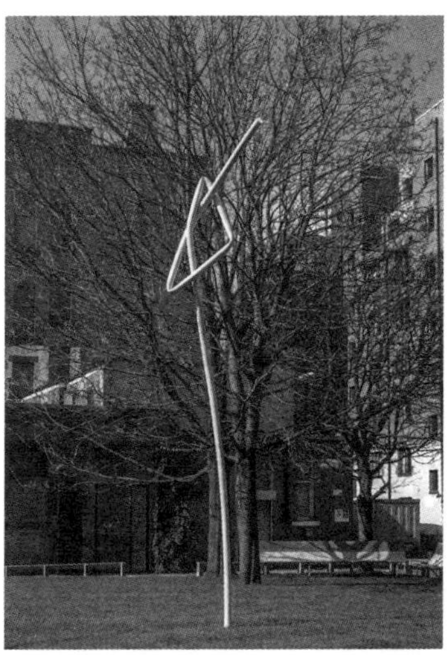

Electric Tree, 2011
Griffin Park, Miami
Lampade fluorescenti / Fluorescent light fixtures

Twist, 2014
Veduta dell'istallazione / Installation view
The Modern Institute, Glasgow

AMERICAN NIGHT

Mark Handforth's sculptures are like monumental relics of a distant past that assert themselves in our present. A bent coat hanger, a crumpled star, a severed branch – all commonplace objects that have been disfigured and elevated by a radical shift in scale and material.
At Villa Croce, the size, physicality, and precision of these objects put them in animated conversation with their grand surroundings. The sculptures exist in a playful tension with the neoclassical architecture, occupying a register of their own in which they are at once familiar and fantastic.

Lamp posts, stars, fluorescent fixtures. Light and its sources figure prominently in Handforth's oeuvre, particularly in relation to the land- and cityscape. This interest inserts him into a lineage of artists that stretches from the great English Romantic painters to the American minimalists.

In Handforth's work, one can detect the romanticism of John Constable or J. M. W. Turner, but the eternal sublime that the early nineteenth-century painters discovered in nature shifts in Handforth's hands to a pop poetry that draws on the iconography of the twentieth-century city. Lamp posts replace trees, cows become Vespas: for Handforth, beauty is wrought from manufactured elements and urban fixtures. And, while using the off-the-shelf vocabulary of artists like Dan Flavin, Handforth makes images – a sun, a cross, or a telephone – that suggest, without specifying, narrative and sociological content.

Handforth embraces the American landscape, its vast horizons, its seemingly endless roads, its looming signage, and the journeying it represents. Road signs and other features of the American highway are designed overscale in order to be visible at a distance; when seen up close, they lack cohesion and legibility. The ungainliness of Handforth's sculptures, likewise scaled to the landscape rather than the human form, is part of their appeal: they inhabit a dimension that differs from ours not only in scale but also in spirit.

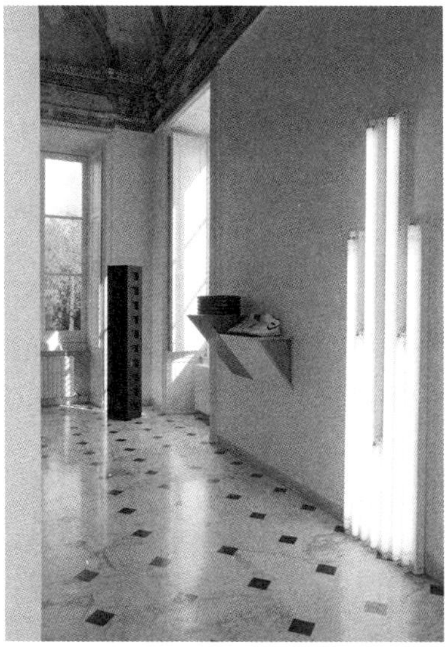

Andy Warhol sul comò, 2015
Veduta dell'istallazione / Installation view, Opere dalla collezione / Works from the collection Rosetta Barabino, Museo Villa Croce, Genova

I lampioni sostituiscono gli alberi, le mucche diventano tante Vespa. Per Handforth, la bellezza è forgiata da elementi prodotti dall'uomo e negli arredi delle strade urbane. E, sebbene ricorra a un vocabolario pre-esistente come quello di Flavin, Handforth è un risoluto creatore di immagini, e la sua opera suggerisce tutto il potenziale narrativo e il contenuto sociologico che può essere costruito a partire dall'immagine di un sole, di una croce o di un telefono.

Handforth abbraccia il panorama americano, i suoi vasti orizzonti, le sue strade apparentemente infinite, i suoi giganteschi segnali stradali, e i viaggi che tutto questo rappresenta. Le enormi dimensioni dei cartelli stradali e degli altri elementi delle autostrade americane servono a facilitarne la visibilità in distanza, ma fanno sì che – se osservati da vicino – queste insegne siano poco coese e goffe. Anche le sculture di Handforth sono proporzionate al paesaggio anziché alla forma umana, ma questo fa parte del loro fascino. Sono più grandi della vita e pertanto abitano una diversa dimensione.

Una mostra di Handforth è come un classico *road movie* degli anni settanta, in cui un territorio vasto e scarsamente popolato è disseminato di cartelli e oggetti provenienti da un passato lontano. In questi film, i cartelli delle stazioni di servizio sbrecciati e consunti e i segnali luminosi dei motel che lampeggiano per richiamare i viaggiatori sono fari che segnano passaggi e rimandano ai segni di un passato ottimismo. Come in un *road movie*, gli oggetti della mostra di Handforth non raccontano una storia, ma ci parlano di trasformazione, la propria e quella degli spettatori. Gli oggetti sono momenti che simboleggiano il punto da cui siamo partiti e la nostra meta. Il regista brasiliano Walter Salles, (*Central do Brasil*, *I diari della motocicletta*) spiega su cosa si fonda la narrativa di un *road movie*:

> "Dal momento che i *road movie* devono descrivere la trasformazione interiore dei loro personaggi, questi film non mostrano ciò che si può vedere o verbalizzare, ma ciò che può essere percepito, l'invisibile che accompagna il visibile…
> Nei *road movie*, un momento di silenzio è generalmente più importante della più drammatica delle azioni."

C'è sempre un elemento invisibile che va a completare quello visibile. Nei *road movie*, il silenzio è lo spazio negativo della mostra: i visitatori che ignorano questo spazio, andando solo alla ricerca di forme solide, non si lasciano toccare dall'esposizione e, quando se ne vanno, sono sempre uguali a sé stessi.

A Handforth exhibition is like a classic 1970s road movie in which a vast and sparsely populated terrain is littered with signs and structures that hark back to an earlier time. In these films, the cracked and peeling gas station logos and the blinking vacancy signs are beacons that mark passage from an earlier moment of optimism.
Again like a road movie, Handforth's exhibitions are less about plot than transformation – their own and that of the viewer. His objects symbolically track where we have been and where we are going. Brazilian film director Walter Salles (*Central do Brasil*, *The Motorcycle Diaries*) has described what drives the narrative of a road movie:

> Because road movies need to trace the internal transformation of their characters, the films are not about what can be seen or verbalized but about what can be felt – about the invisible that complements the visible... In road movies, a moment of silence is generally more important than the most dramatic action.

There is always an invisible that complements the visible. The negative space in an exhibition is comparable to the moment of silence in a road movie. Visitors who ignore it, looking only for solid form, will leave the exhibition the same as they entered.
The radiant light artwork *Shadow Sun* (2016) that sets the scene for the viewer's experience of *Smoke* is both a drawing and a sculpture while having none of the classical properties of either. A graphic image of a sunburst is drawn on the floor with fluorescent light fixtures that traverse the entire first floor of the villa, filling the atmosphere with a warm amber artificial light.

The drawing / sculpture unifies the floor plane of the discrete rooms to form a single landscape whose imagery becomes recognizable only as one circulates through the space. The emanation of light from the floor, however, disorients the viewer by inverting the room. The negative space between the sculpture and the ground, the space that the viewer occupies as if upside-down, is precisely where the transformation occurs.

A *nuit américaine* (American night) is a standard film-industry technique, also known as "day for night," in which footage shot in the daytime is underexposed and its color balance manipulated to give the impression of having been shot at night. As Handforth has remarked in reference to his public sculptures such as *Electric Tree* (1998) or *Lamppost* (2003), artificial light makes night into a different kind of day. But *Shadow Sun* a sculpture installed indoors in a place most often accessible during daylight hours, makes day into a different kind of night. A simple trick of light and vision turns something into its opposite.

Handforth has taken the title of this exhibition from road signs that warn of low visibility in his adopted home of Florida. Smoke, like light, permeates space, yet it has no materiality.
It obscures and envelops; having no fixed form of its own, it seems bent on dematerializing the forms it encounters. Smoke is an effect, a cause, and a symptom. It is also a condition from which the forms it dissolves can magically emerge intact. On entering and exiting Handforth's *Smoke*, we must ask ourselves what it is that has been obscured. Might there be something important right in front of us that we cannot immediately make out?

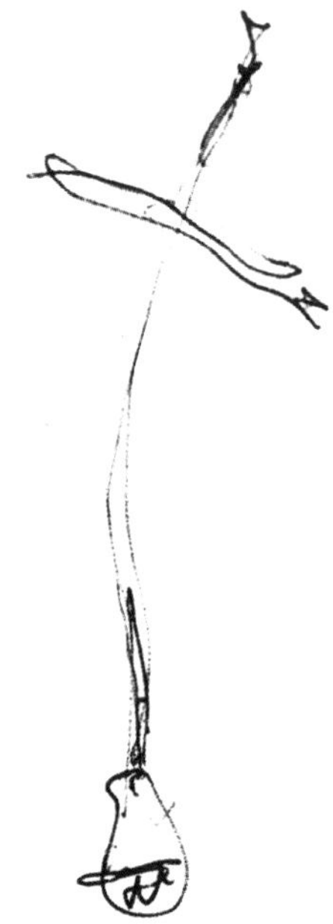

Dallas cross drawing, 2016

The Excentric Circle, 2014
Veduta dell'istallazione / Installation view
The Modern Institute, Glasgow

La scultura di luce radiosa che prepara la scena per questa mostra è al contempo un disegno e una scultura, pur non avendo nessuna delle classiche caratteristiche né dell'uno né dell'altra. La sua lineare immagine di uno sprazzo di sole è disegnata sul pavimento con strutture di luce fluorescente che attraversano tutto il primo piano della Villa, creando un'atmosfera calda, ambrata e artificiale. Il disegno / scultura unifica il piano del pavimento delle singole stanze, creando un unico paesaggio in cui l'immagine diventa riconoscibile solo percorrendo lo spazio. Il fatto che emani dal pavimento disorienta il visitatore invertendo lo spazio, capovolgendolo. Lo spazio negativo fra scultura e suolo, lo spazio che occupano i visitatori, è esattamente il luogo in cui avviene la trasformazione del protagonista.

"Nuit Americaine", o "American Night", è un'espressione che designa la tecnica cinematografica (probabilmente sviluppata a Hollywood), chiamata "effetto notte". Questa tecnica viene impiegata per girare di giorno una scena notturna, sottoesponendo e manipolando il bilanciamento dei colori affinché le scene sembrino girate al buio. Come Handforth ha commentato rispetto alle sue sculture pubbliche come *Electric Tree* (1998) o *Lamp post* (2003), la luce artificiale trasforma la notte in un diverso tipo di giorno. Al contrario, *Shadow Sun*, in quanto scultura da interni aperta di solito nelle ore del giornata, trasforma il giorno in un altro tipo di notte. Un semplice trucco di luci e visione può trasformare qualcosa nel suo opposto.

Il fumo, come la luce, si diffonde ovunque ma è immateriale. Il fumo oscura e avvolge, non ha forma. Handforth ha tratto il titolo di questa mostra dai segnali stradali che nella sua terra d'adozione, la Florida, avvertono gli automobilisti delle condizioni di scarsa visibilità. Il fumo è un effetto e una causa. È un sintomo, ma anche una condizione in cui i contorni sono sfumati, le forme si dissolvono ed emergono. Quindi, nel momento in cui entriamo in una mostra di Handforth, dobbiamo chiederci: cosa è stato oscurato? Nell'aria c'è qualcosa che non vediamo?

Mary Ceruti

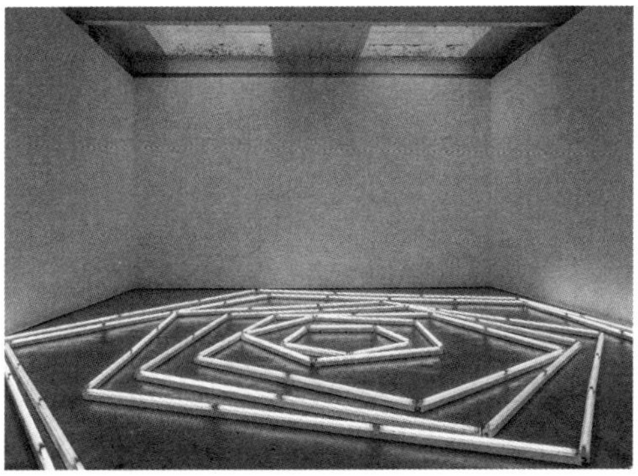

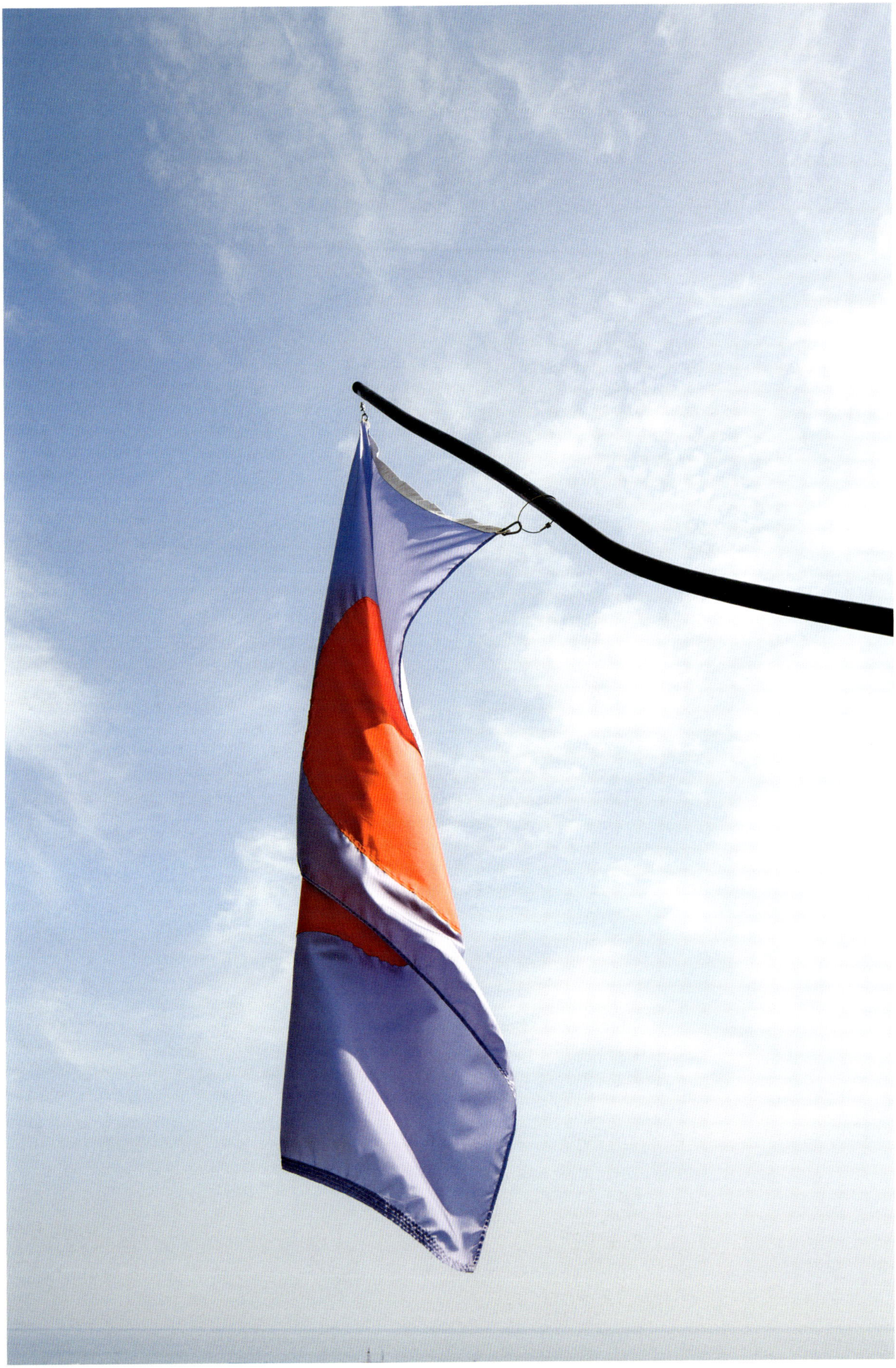

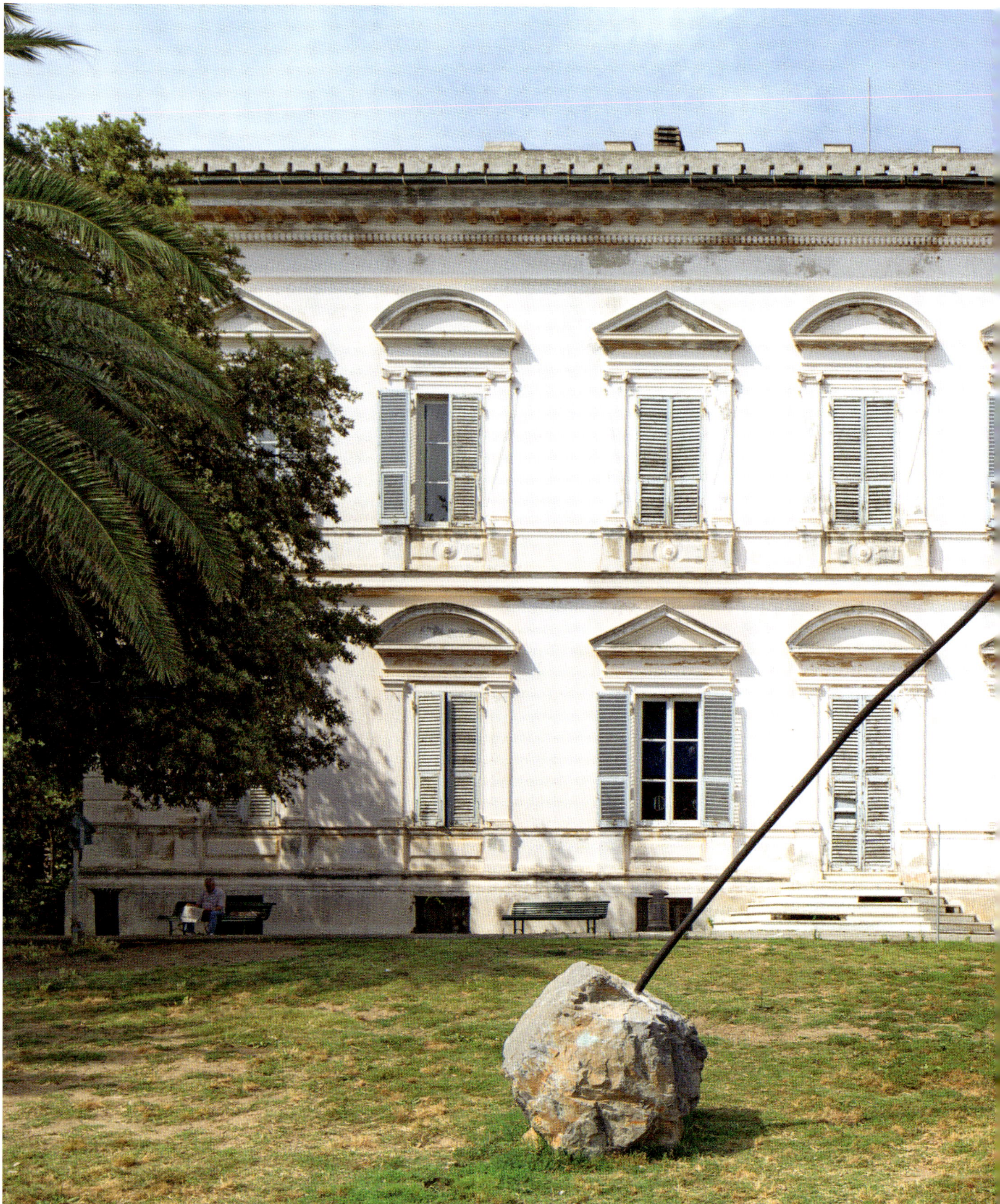

Flagpole, 2016

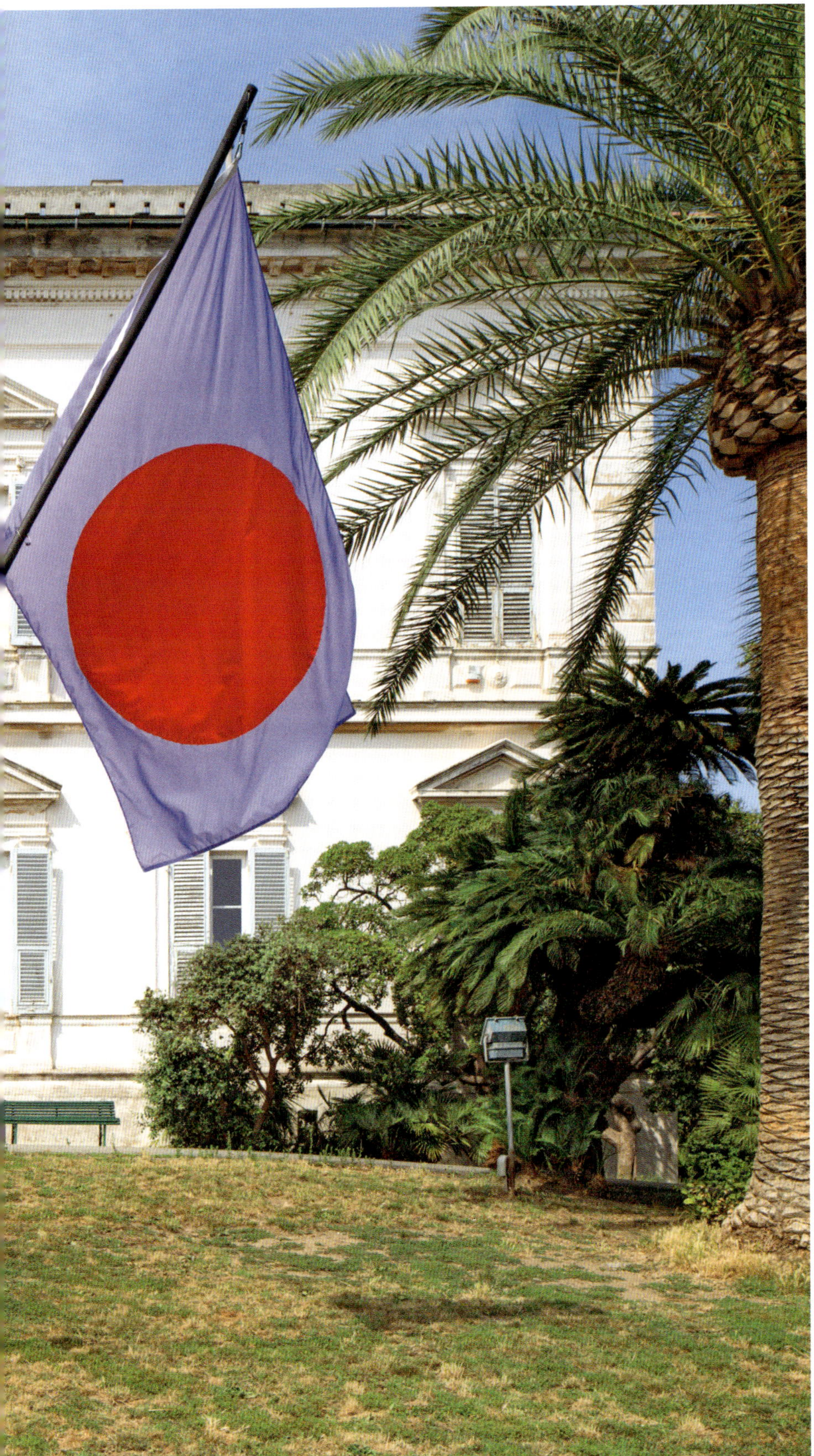

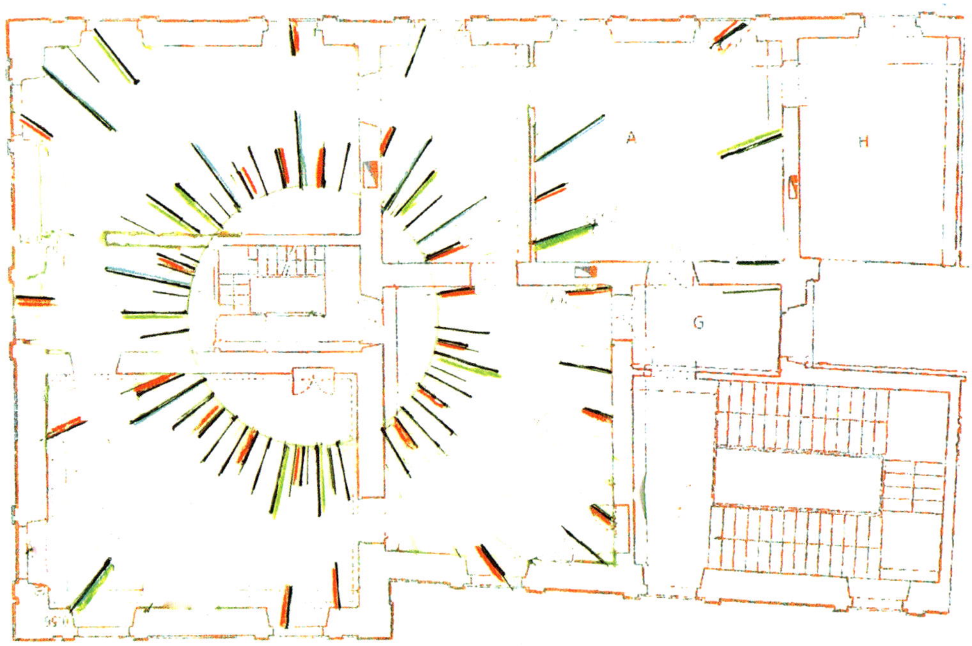

Progetto per / Working drawing
for *Shadow Sun*, 2016
Museo Villa Croce, Genova

"Art is a kind of dance,
and I am not sure that standing
still is quite the point"

Villa Croce presents *Smoke* Mark Handforth's solo show created in response to the museum's architecture, as a choreography of shapes floating in space challenging the public's symbolic universe and perceptual moorings. Visiting the different rooms transforms each of us into a character out of *Alice's Adventures in Wonderland*, who becomes gigantic or minuscule trapped in a sunset-neon-floor or amidst falling stars. Out-sized proportions and exaggerated distortions radically transform the relationship between the viewer and the artwork. Mark Handforth prsents a surreal sequence of twisted lamp posts, fluorescent mandalas, gigantic coat hangers and crumpled stars that form a narrative itinerary marked by the dynamic tension between organic and inorganic shapes, abstraction and symbolic representation.

This Anglo-American artist, born in Hong Kong in 1969 has gained international recognition with his large-scale public sculptures born from a reflection on the bewildering dimensions of American metropolises and the minor features that populate the urban landscape. Altering materials and their scale, his sculptures and installations appear to be serious and ironic, playful and formal, Pop and Minimal, monumental and melancholic.

The artist intervenes on the signs and symbols of everyday life creating a gallery of expanded objects endowed with an unexpected and wild physicality, such as *Twisted Red Star*, the grand chandelier conceived for the museum's monumental staircase.

Finally the large-format sculpture, *Flagpole* placed in the park on the sea-front, affects the relationship between the museum, the Mediterranean horizon, and the port below. Specifically created for the exhibition, a huge rock, nearly an island, flaps a lonely flag on a crooked pole that, in spite of its considerable dimension, conveys a sense of precariousness, suggesting the absurdity of territorial disputes, the impossibility of conquest, or maybe a final call for help.

MARK HANDFORTH **SMOKE**

"L'arte è una forma di danza,
il punto è non starsene fermi"

Villa Croce presenta *Smoke* di Mark Handforth, una mostra che reinterpreta l'architettura dell'edificio neoclassico attraverso una coreografia di forme capaci di mettere in discussione l'universo simbolico e le coordinate percettive dello spettatore.
Nelle sale questi si trasforma in un personaggio che, come in *Alice nel paese delle meraviglie*, diventa gigante o minuscolo, trovandosi prigioniero nei raggi di un tramonto al neon o sormontato da stelle cadenti. L'ingrandimento delle proporzioni e l'accentuata distorsione degli oggetti quotidiani trasformano radicalmente il rapporto fra lo spettatore e l'opera.

Mark Handforth attraverso una surreale successione di lampioni contorti, mandala fluorescenti, enormi "grucce" deformate e imponenti stelle ammaccate ci comunica un'impetuosa carica vitale fatta dall'incontro tra forme organiche e geometriche, fra naturale e artificiale.

Artista inglese, nato a Hong Kong nel 1969 e naturalizzato americano, Mark Handforth è noto a livello internazionale per le sculture pubbliche di grandi dimensioni che nascono dal confronto con le proporzioni stranianti delle metropoli americane e gli elementi del paesaggio urbano. Alterando i materiali e i rapporti di scala, il suo lavoro sviluppa una ricerca scultorea che è insieme seria e ironica, Minimal e Pop, monumentale e melanconica.

L'intervento dell'artista sui simboli del quotidiano, genera un repertorio di oggetti assurdi, dotati di una fisicità irruente e inaspettata come *Twisted Red Star*, la grande stella-lampadario creata per lo scalone monumentale del museo.

Infine la grande scultura, *Flagpole* posta nel parco fronte mare, riconfigura il rapporto fra il museo, l'orizzonte mediterraneo e il porto sottostante. Un grande sasso, quasi un'isola, trafitta da una bandiera solitaria dall'asta deforme, suggerisce l'assurdità. Un grande sasso, quasi un'isola, trafitta da una bandiera solitaria dall'asta deforme, suggerisce l'assurdità di ogni pretesa territoriale, l'impossibilità della conquista oppure, forse, una disperata richiesta di aiuto.

Twisted Red Star, 2016

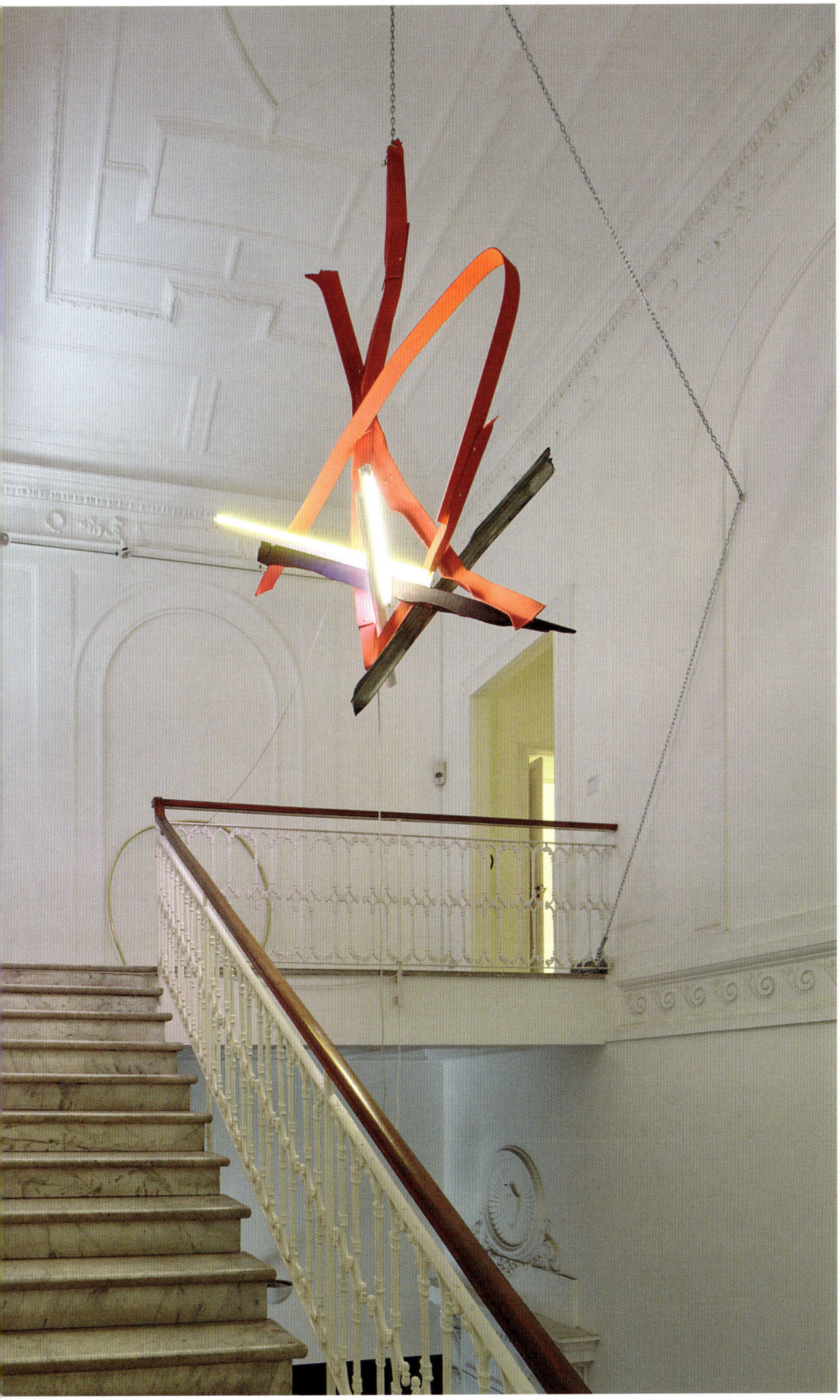

Mark Han

SMOKE

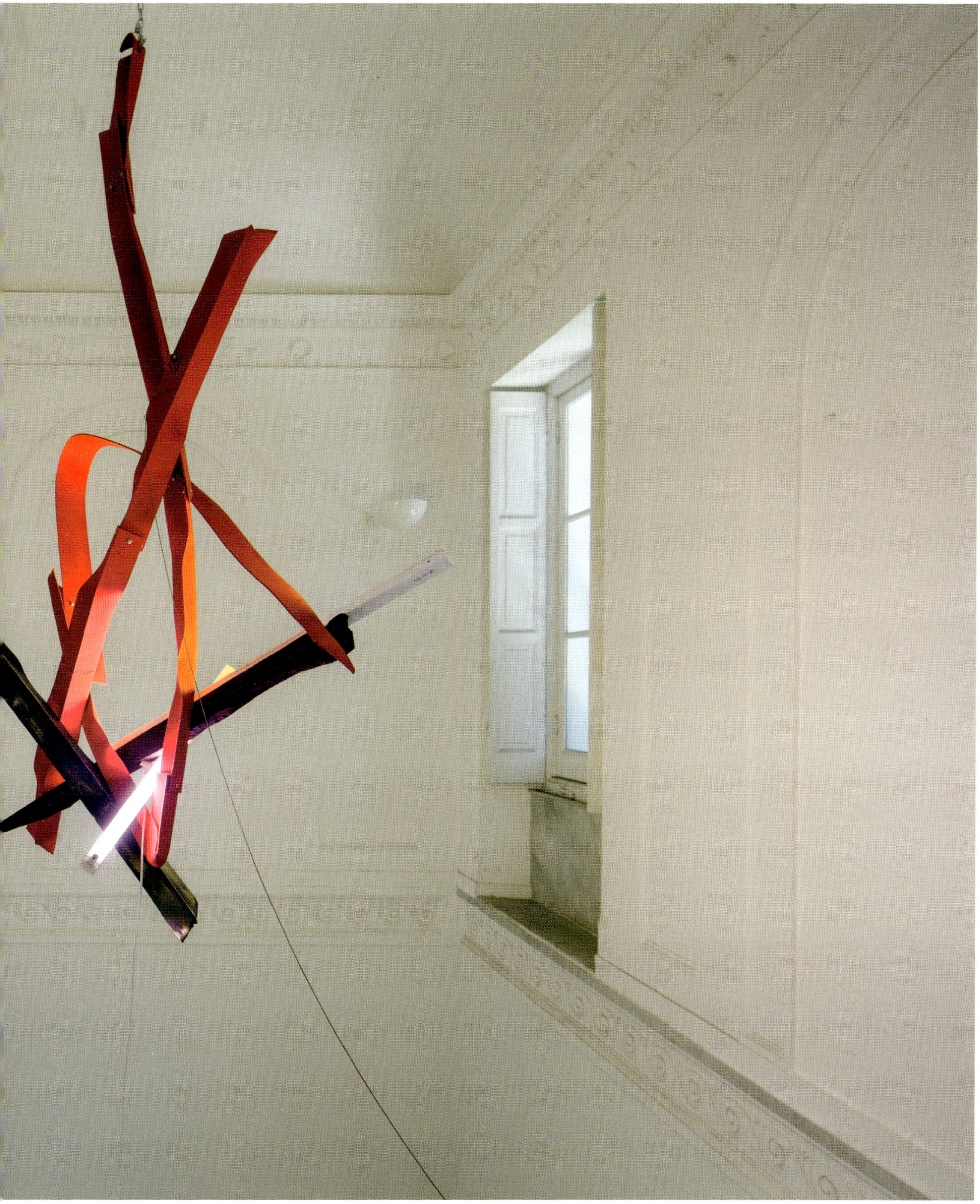

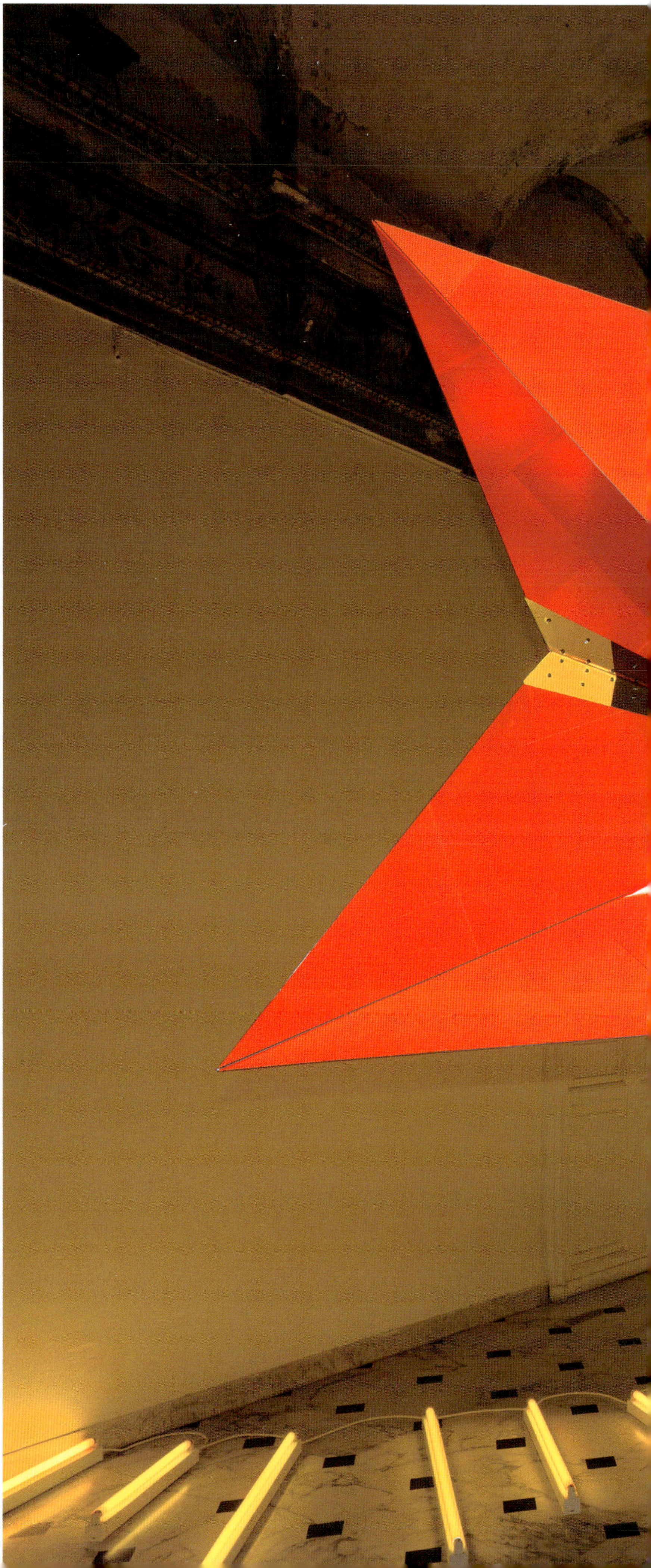

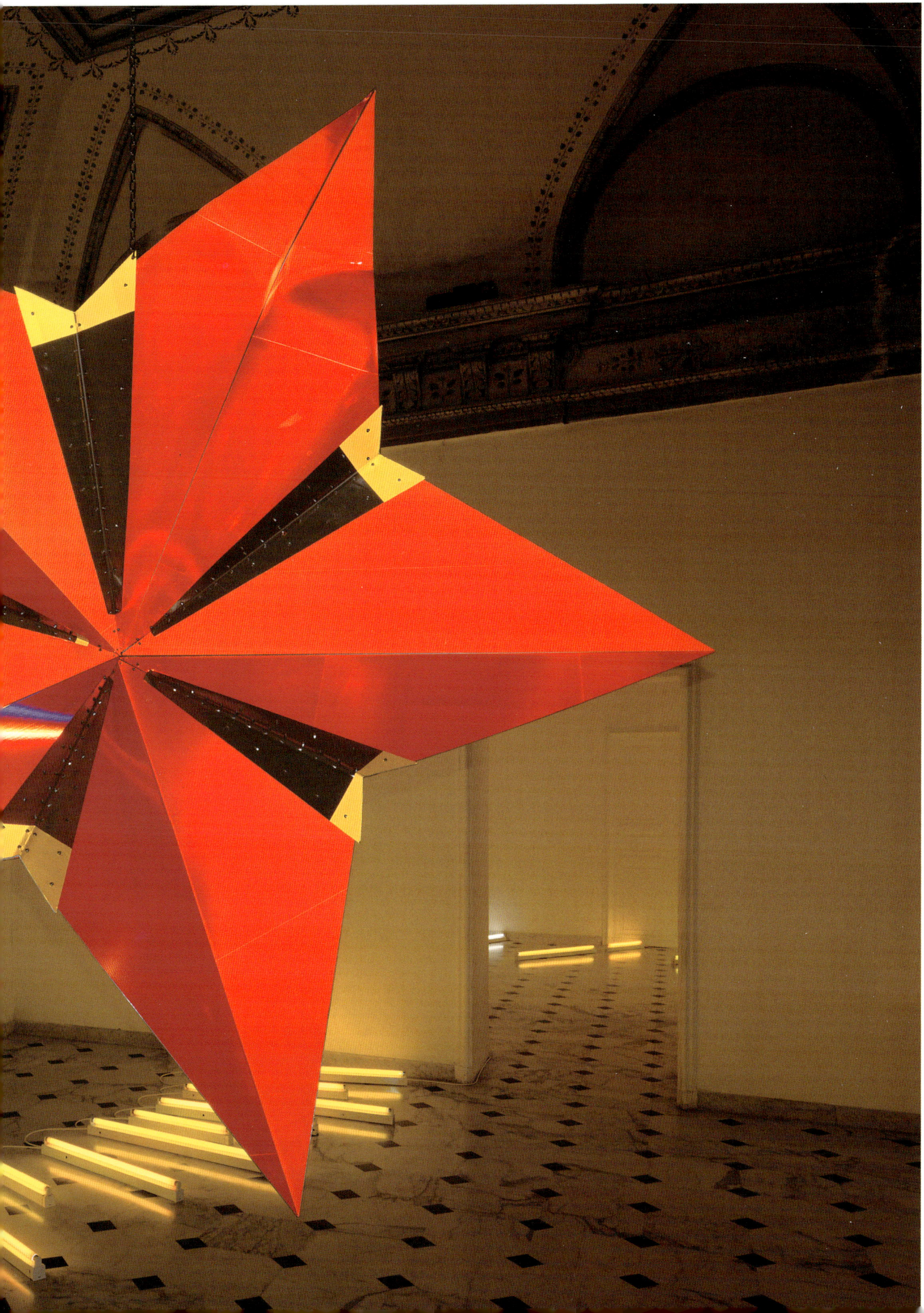

Shadow Sun, 2016

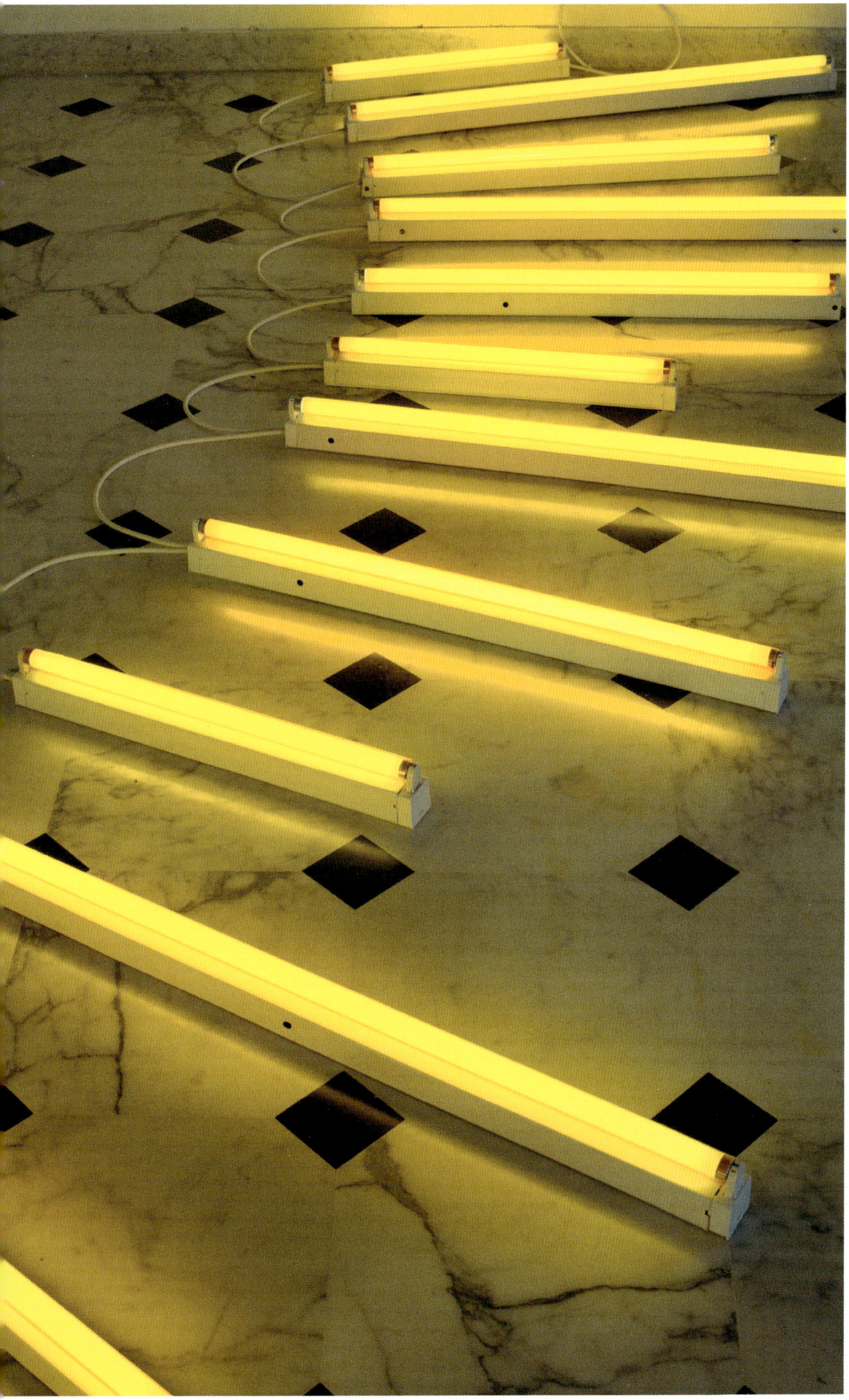

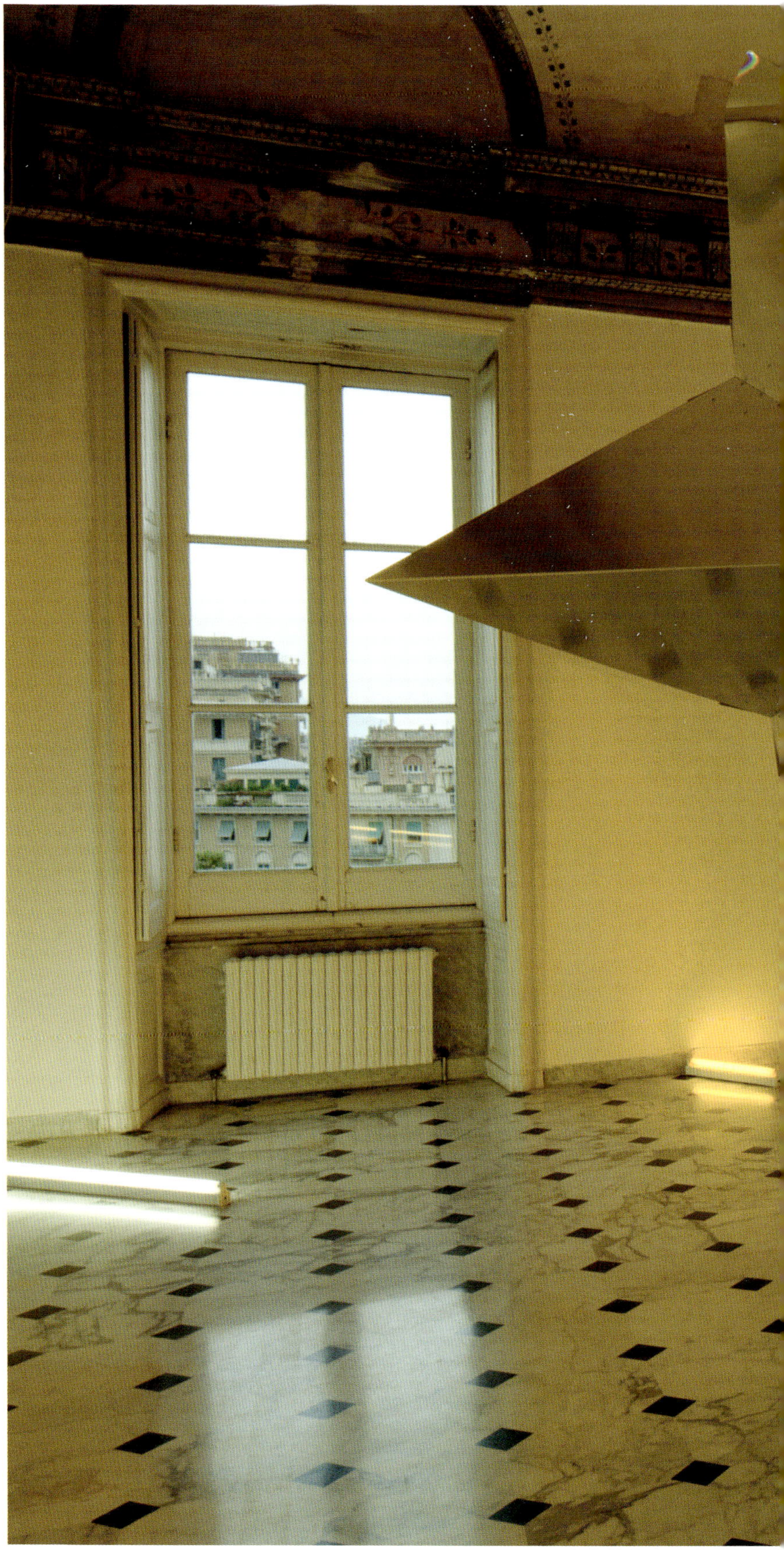

Freeway Star, 2016

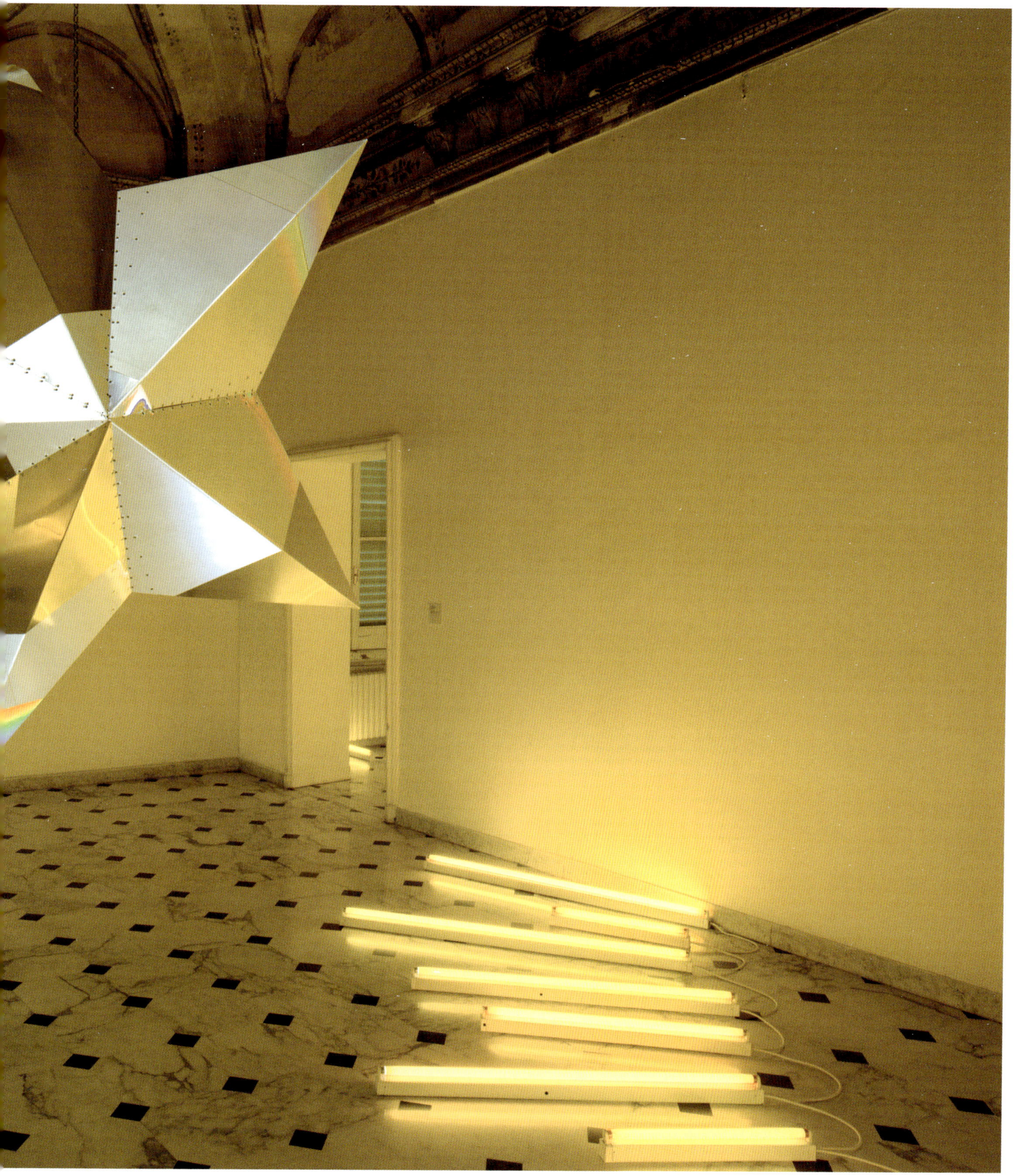

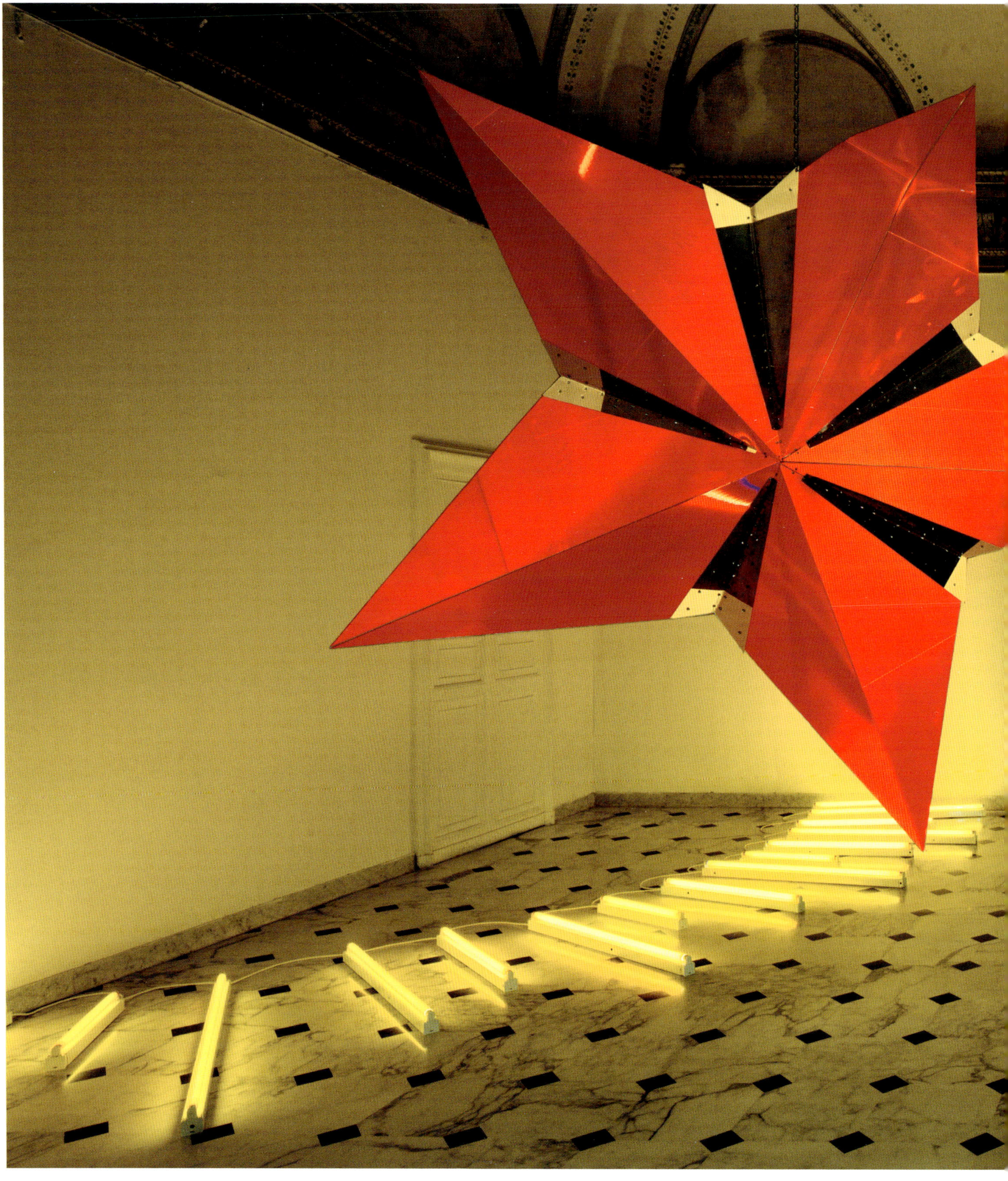

Freeway Star, 2016

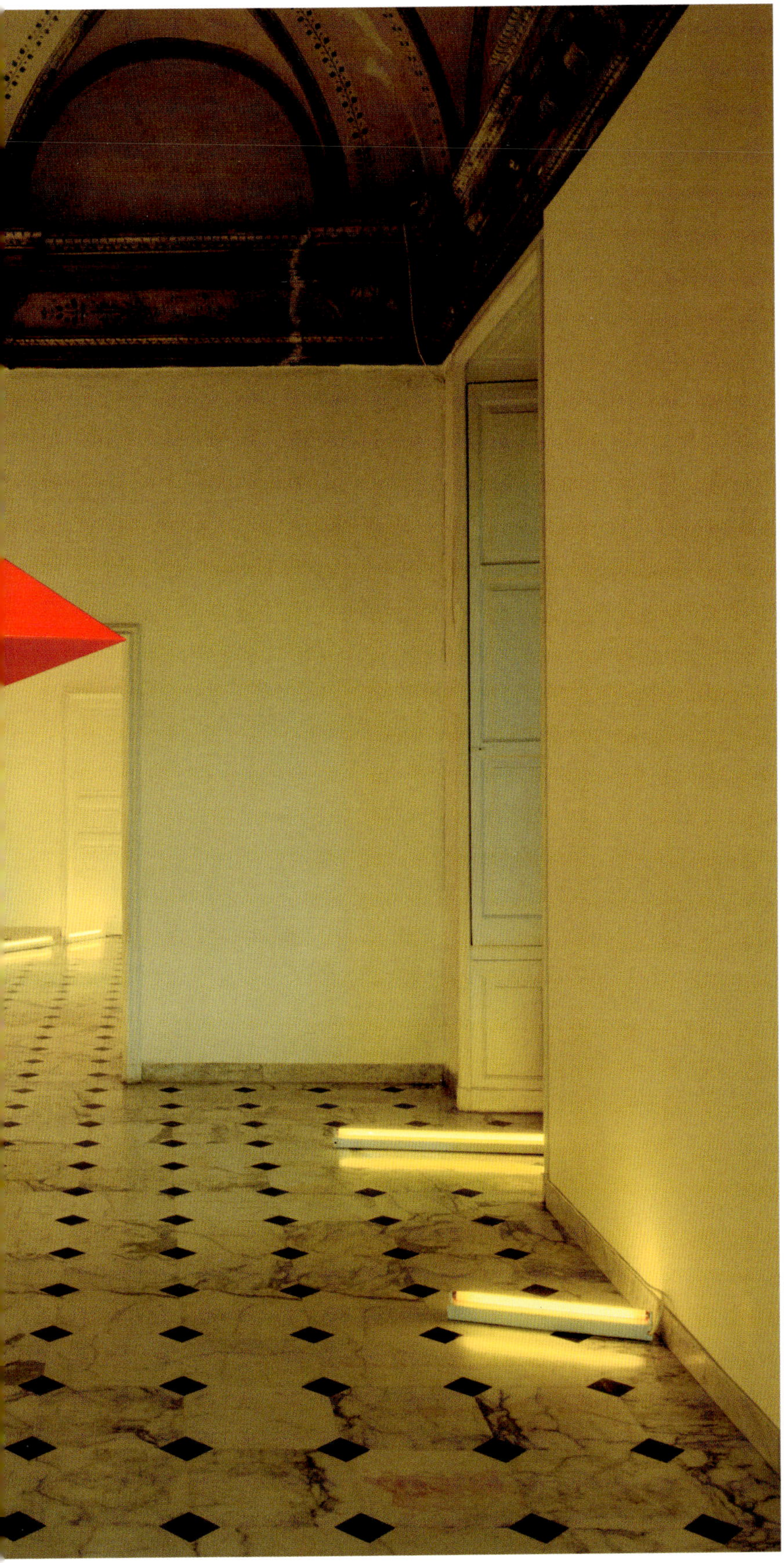

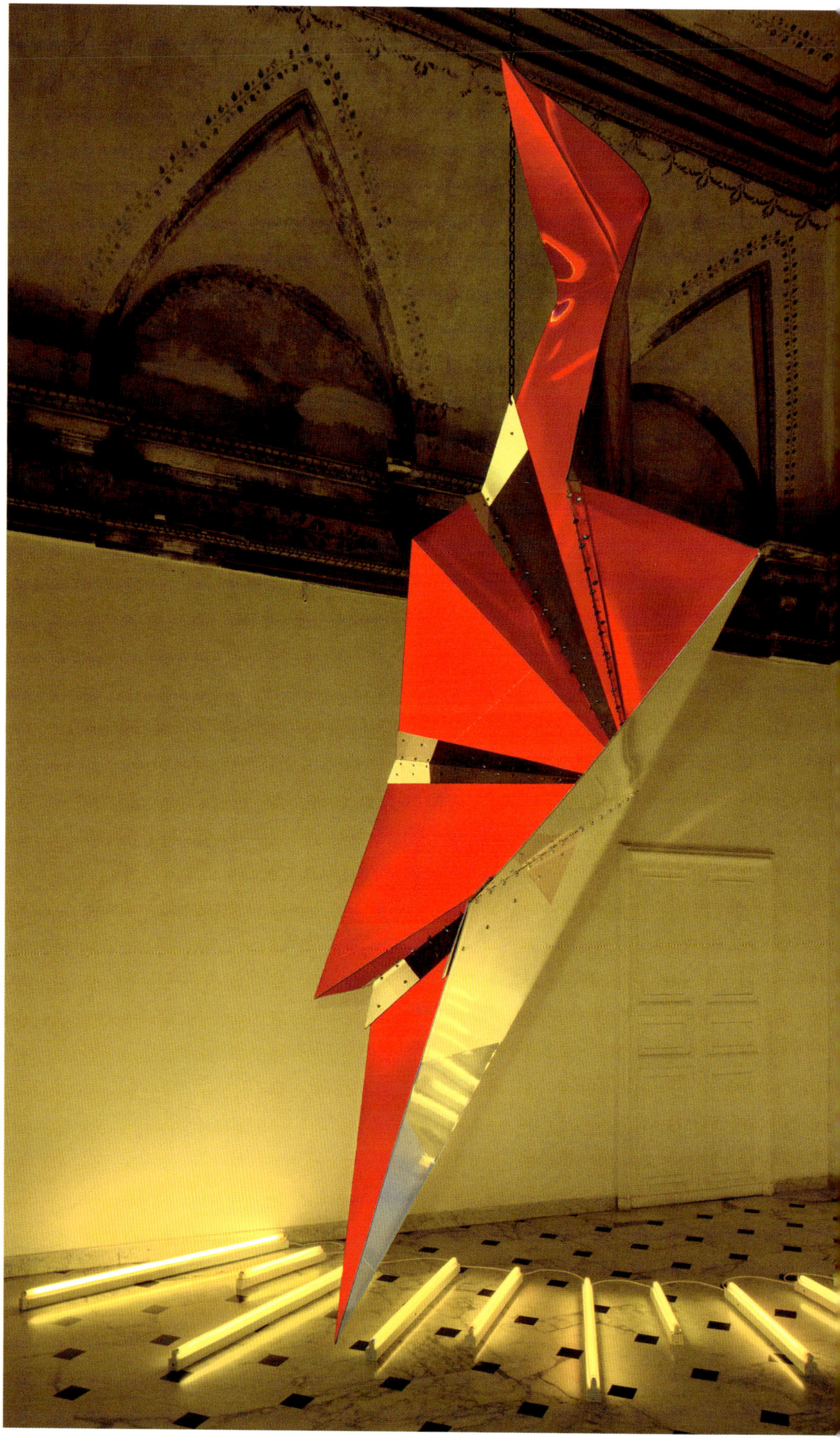

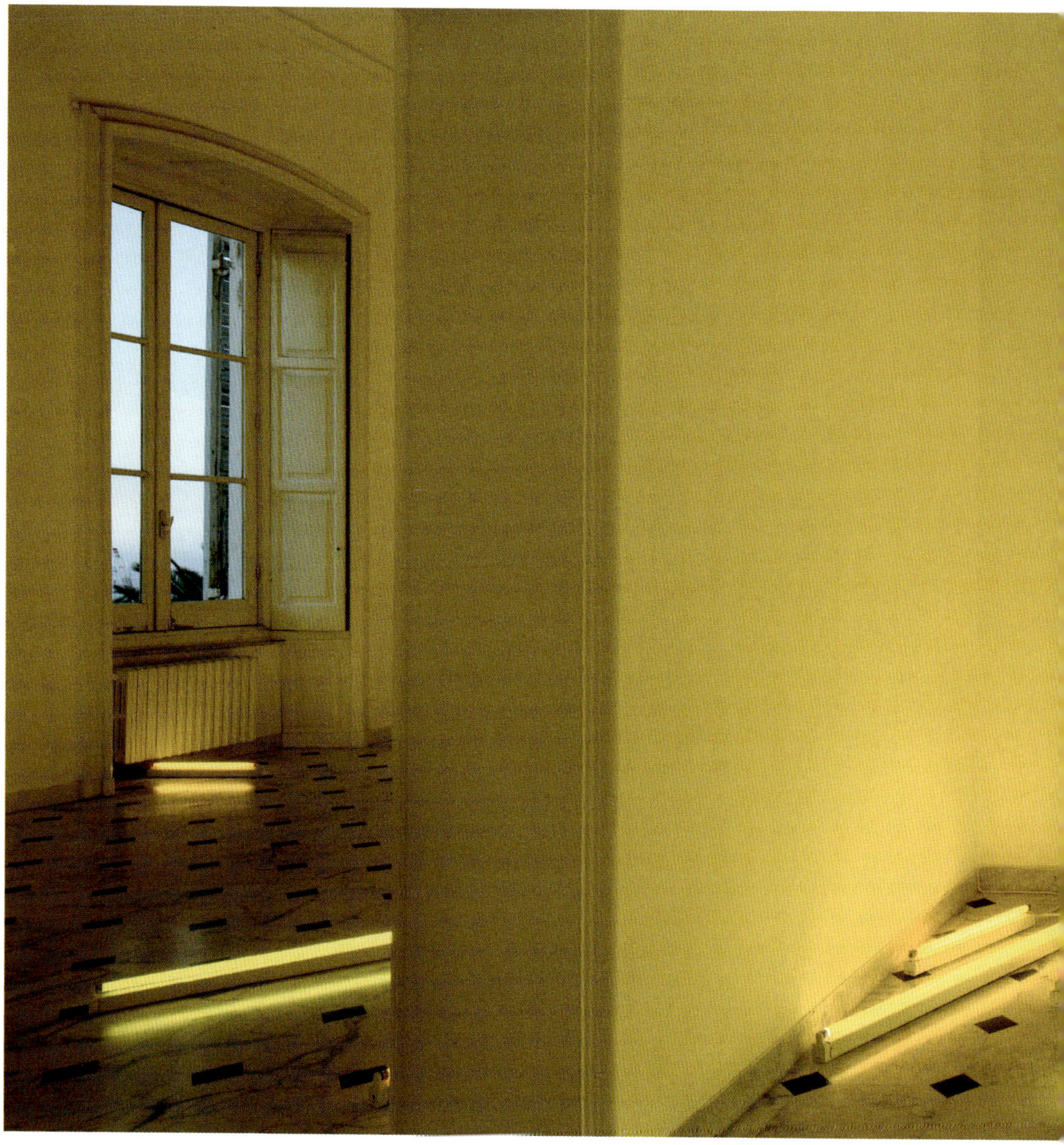

Lamphead Cross, 2016

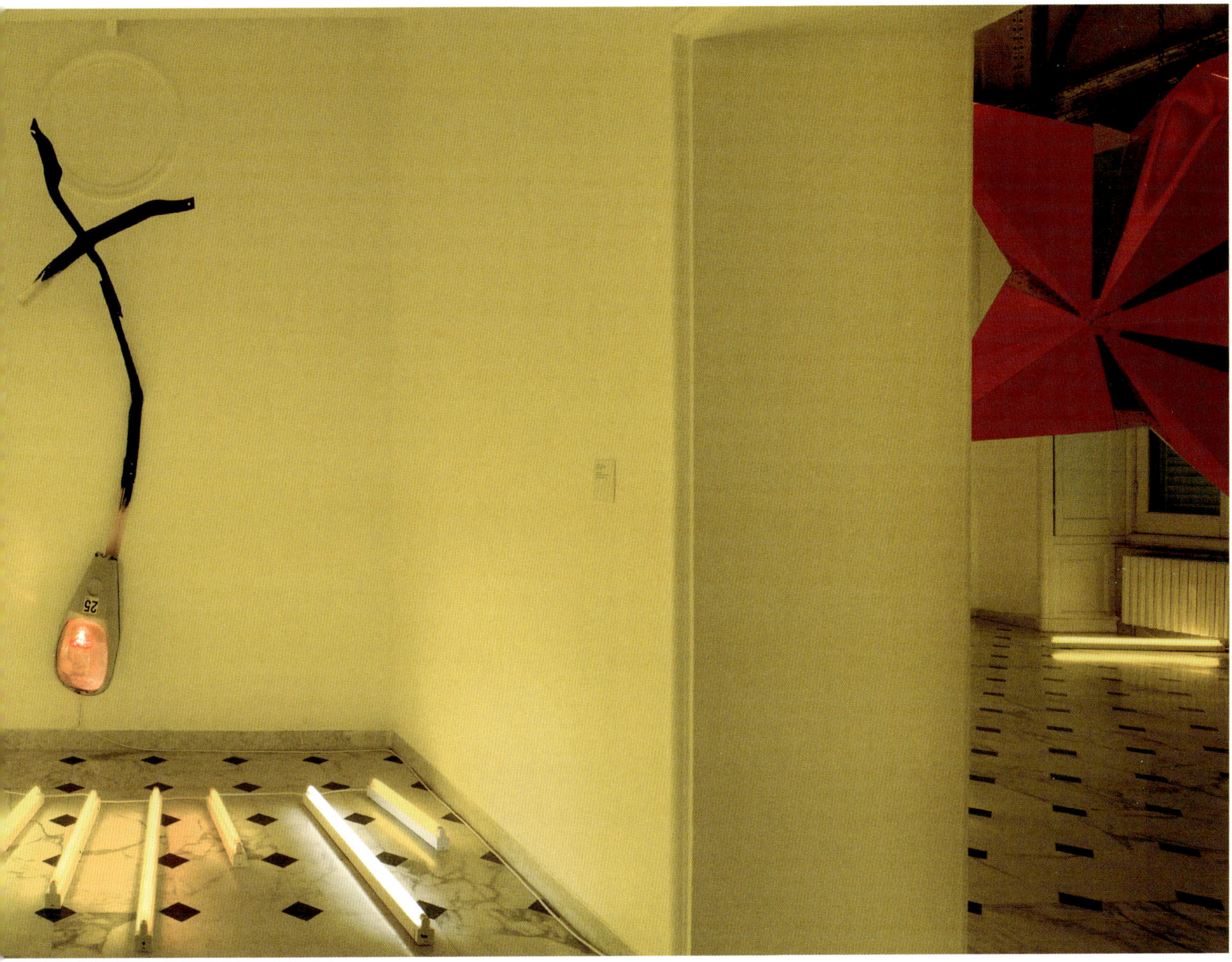

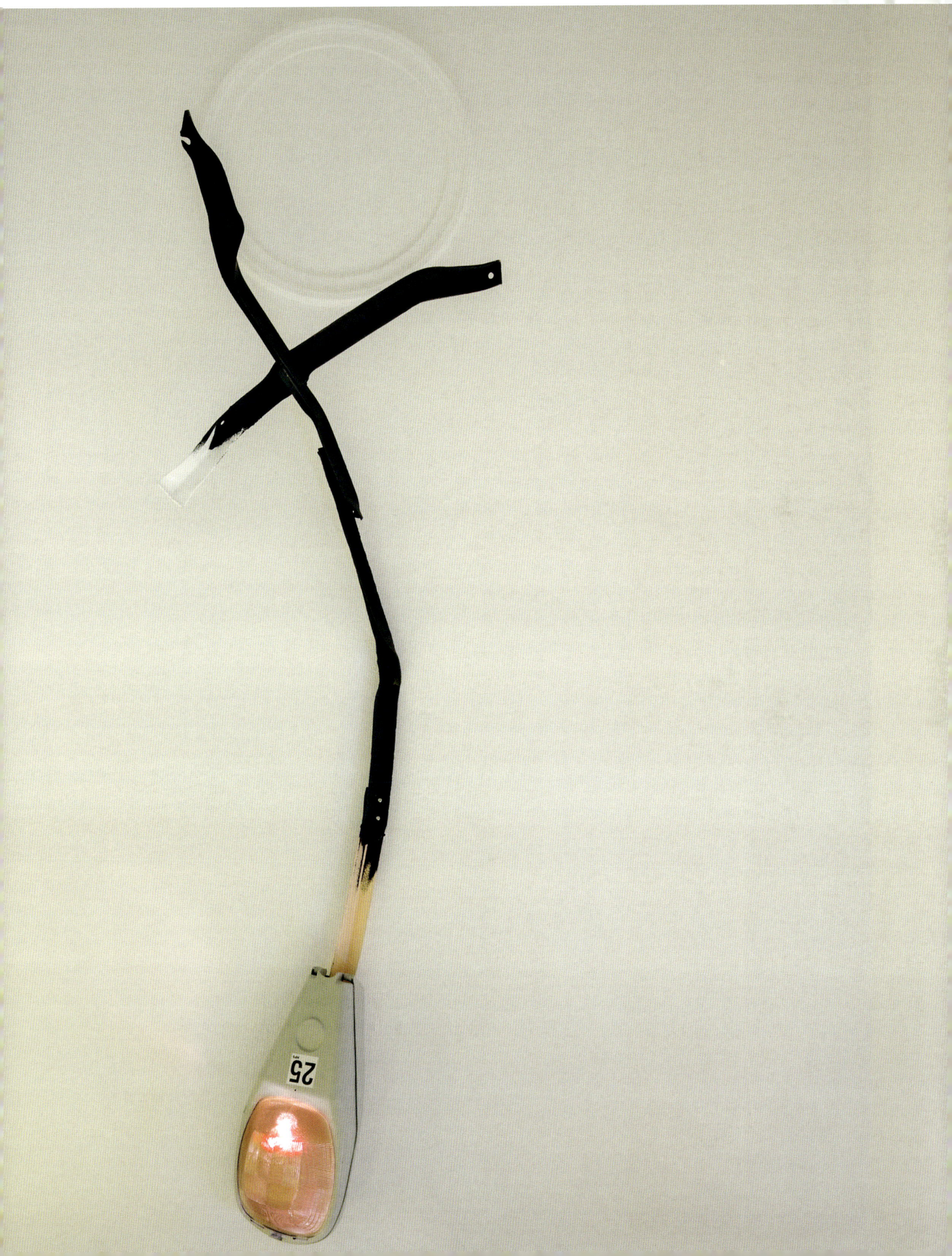
25

Phone Holes (mirror holes), 2013-2016

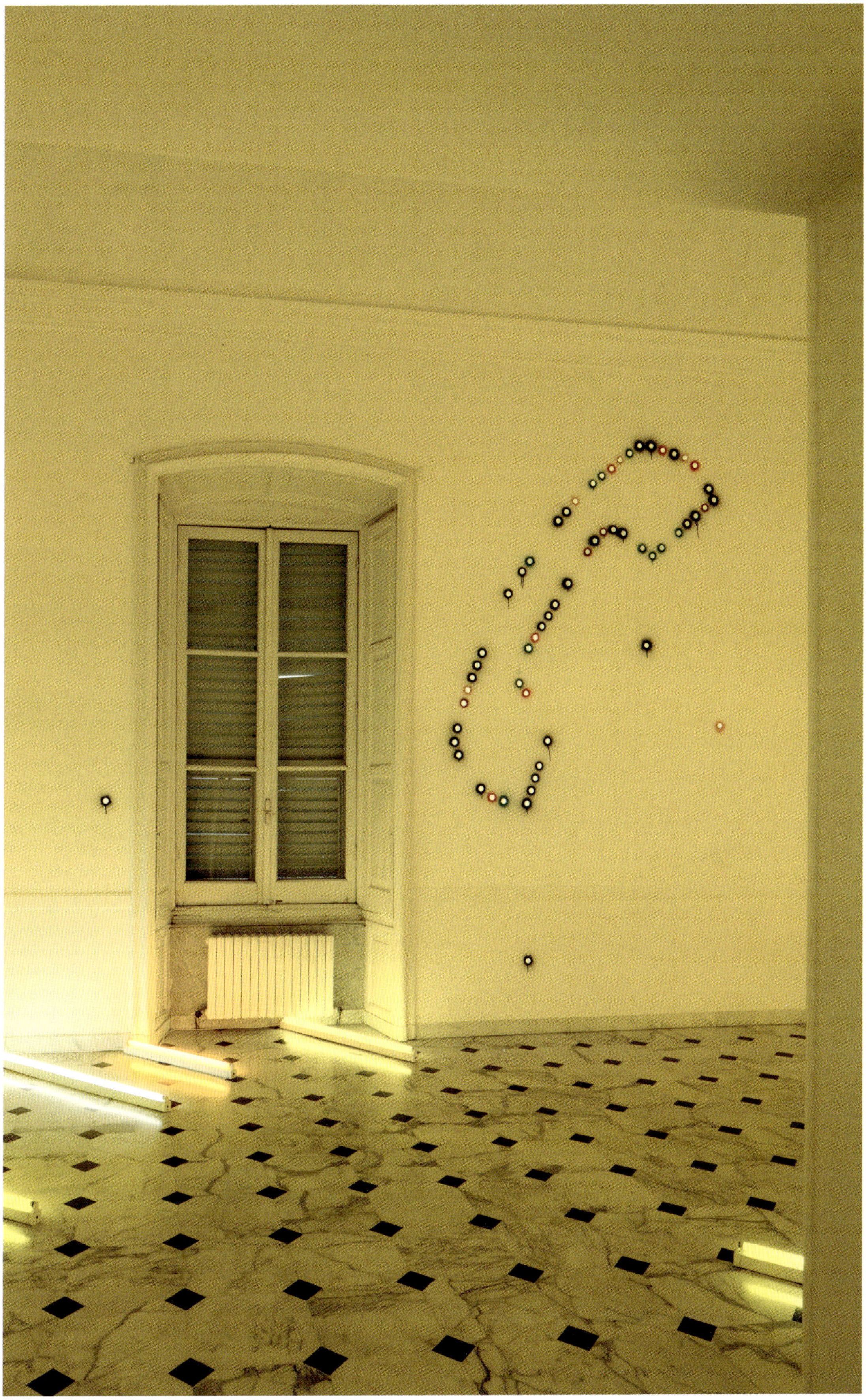

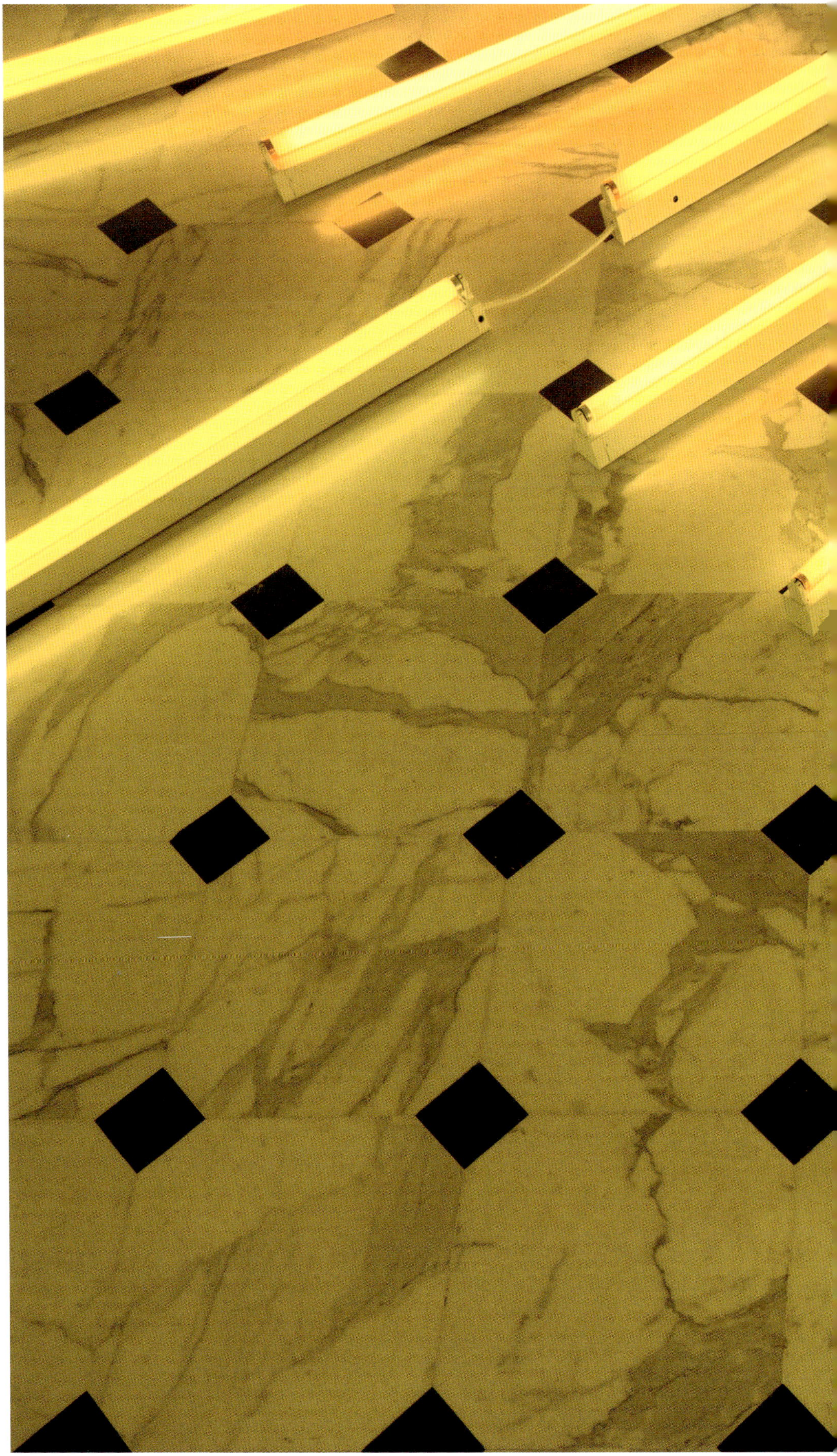

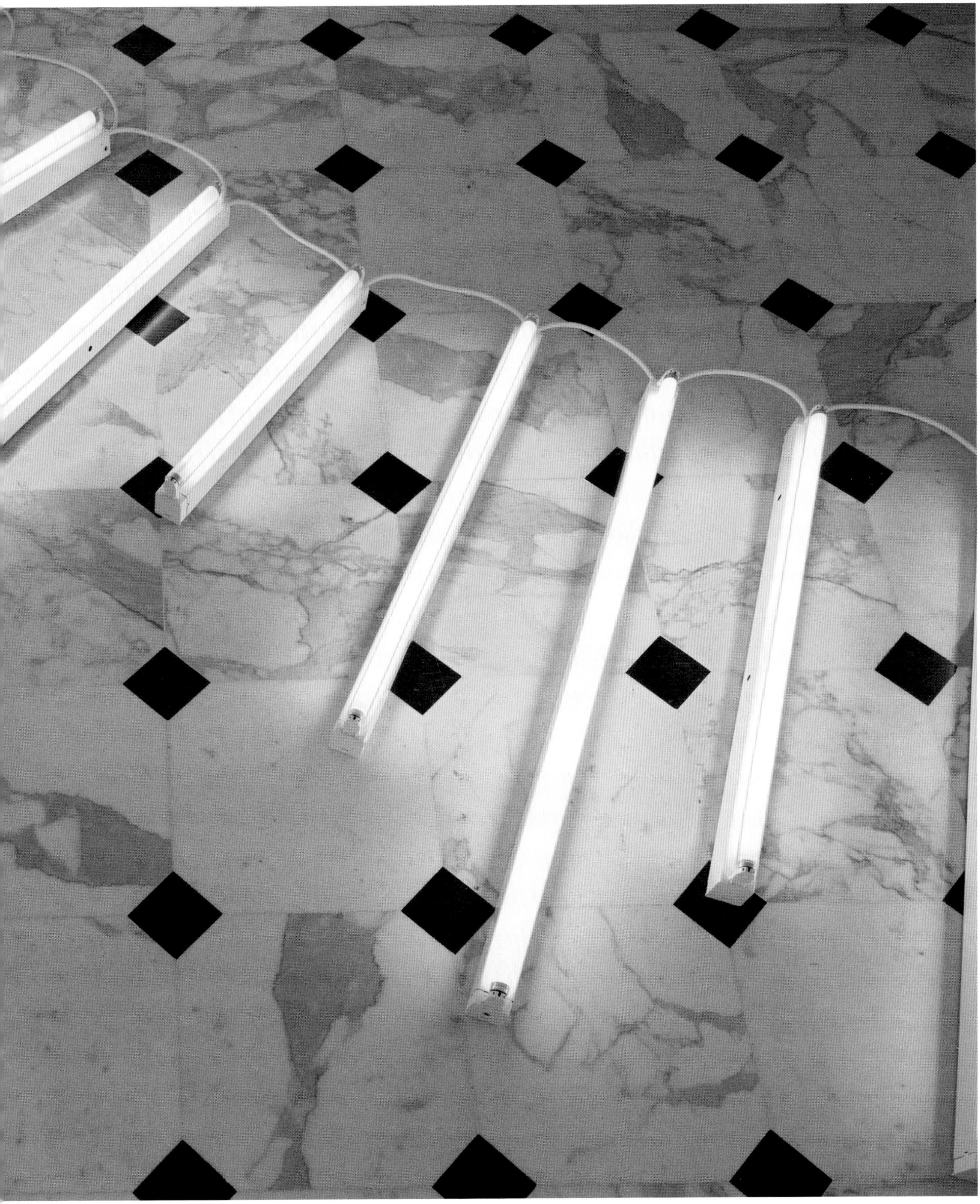

Phone Holes (mirror holes), 2013-2016

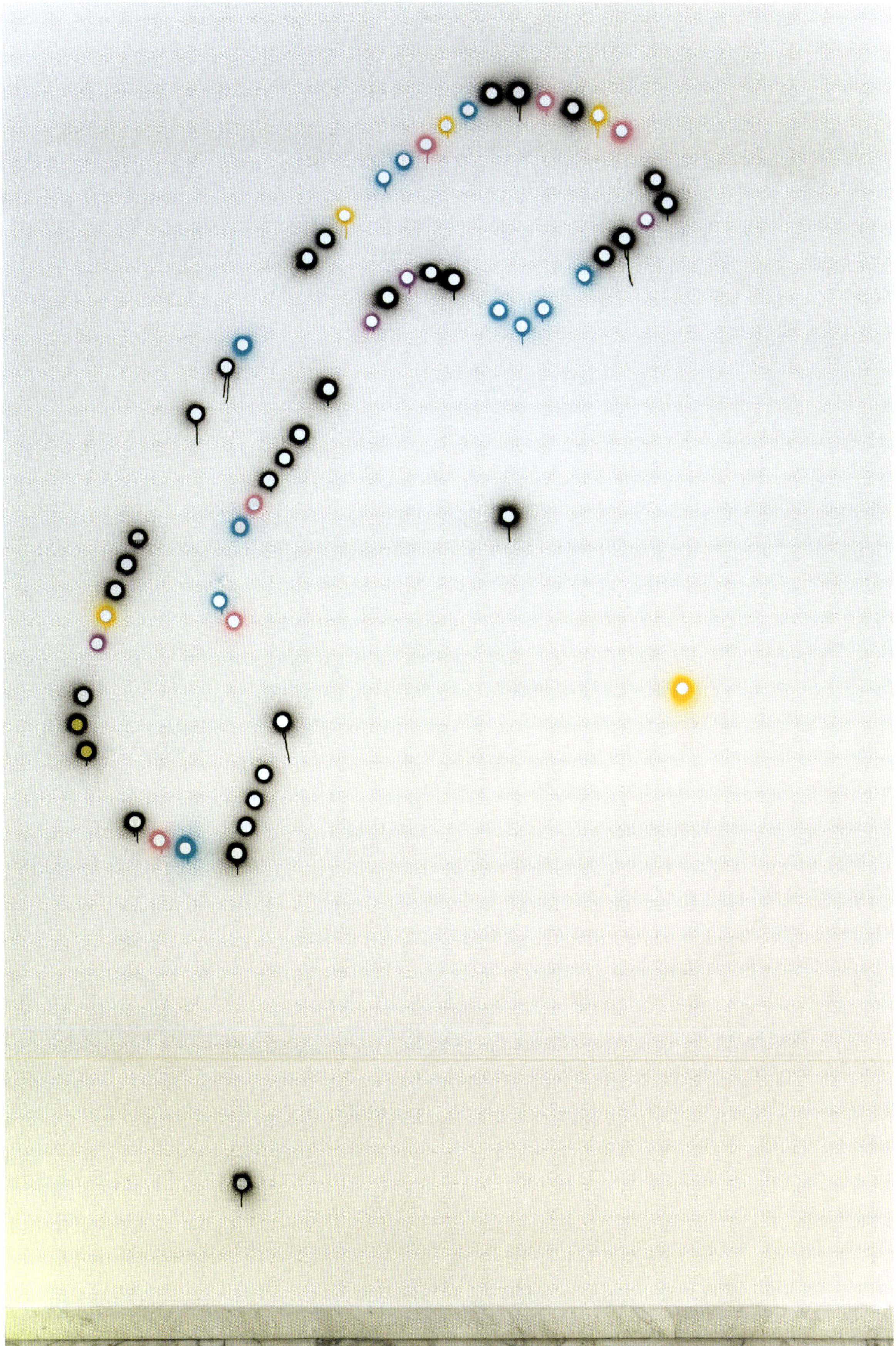

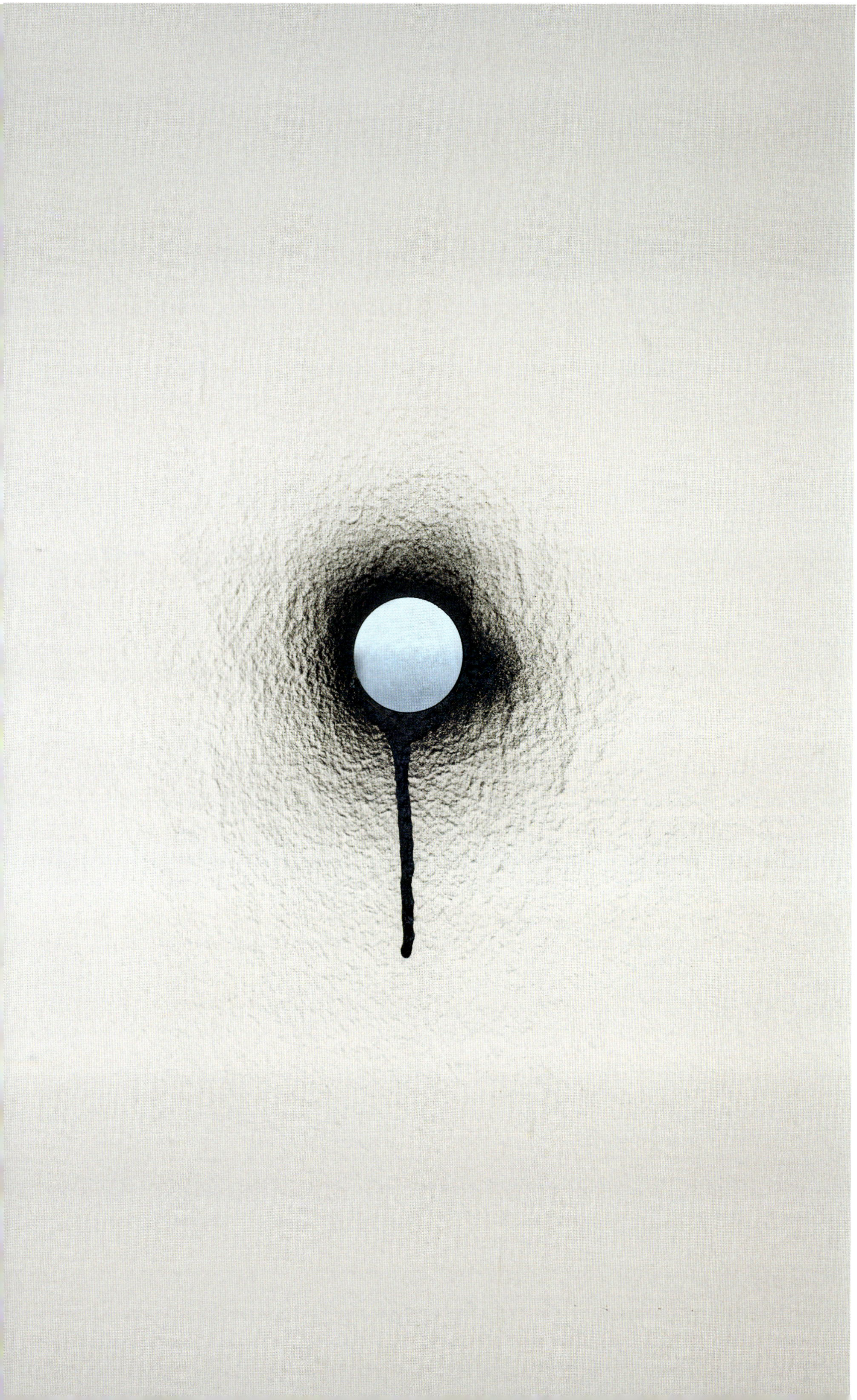

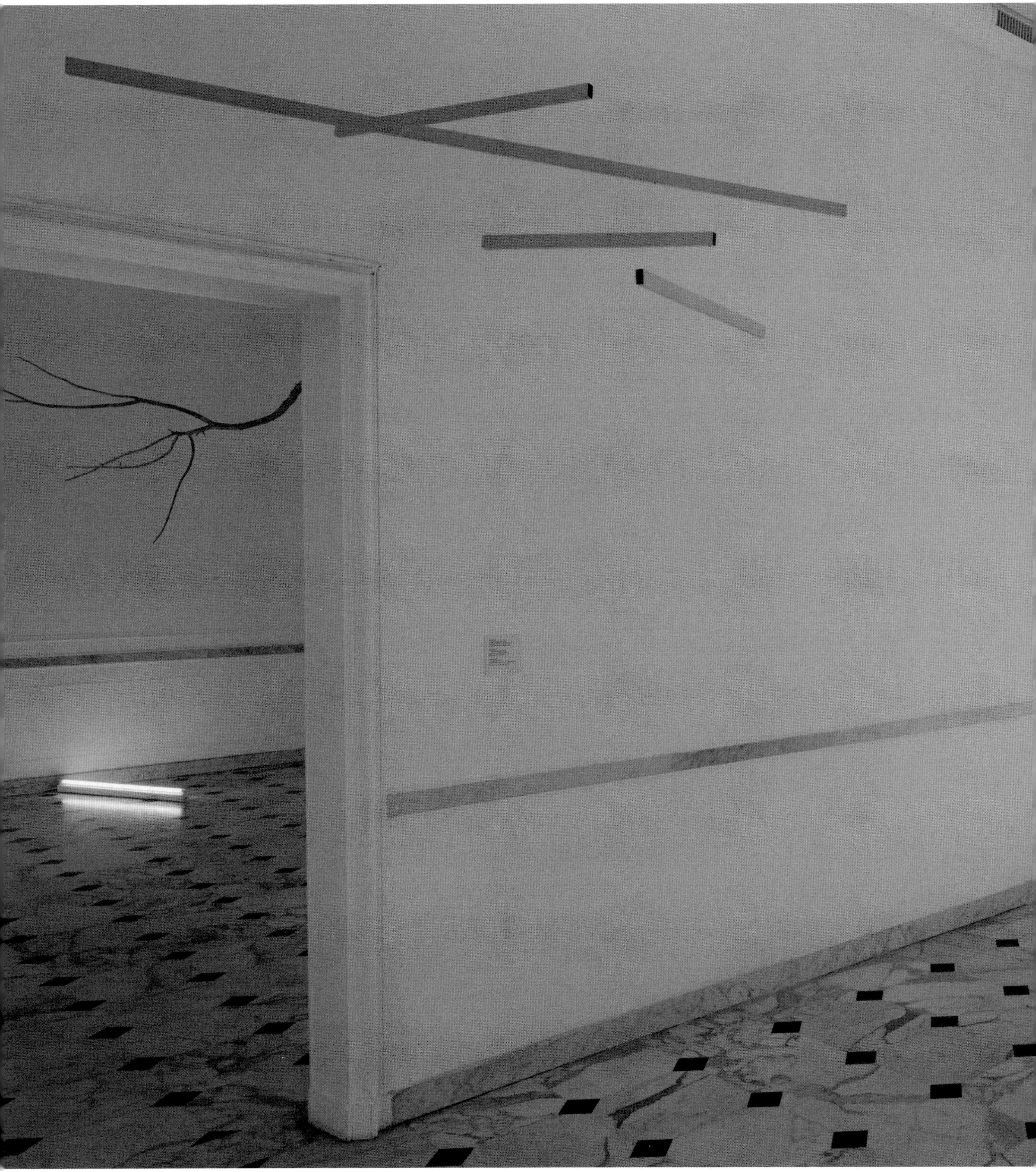

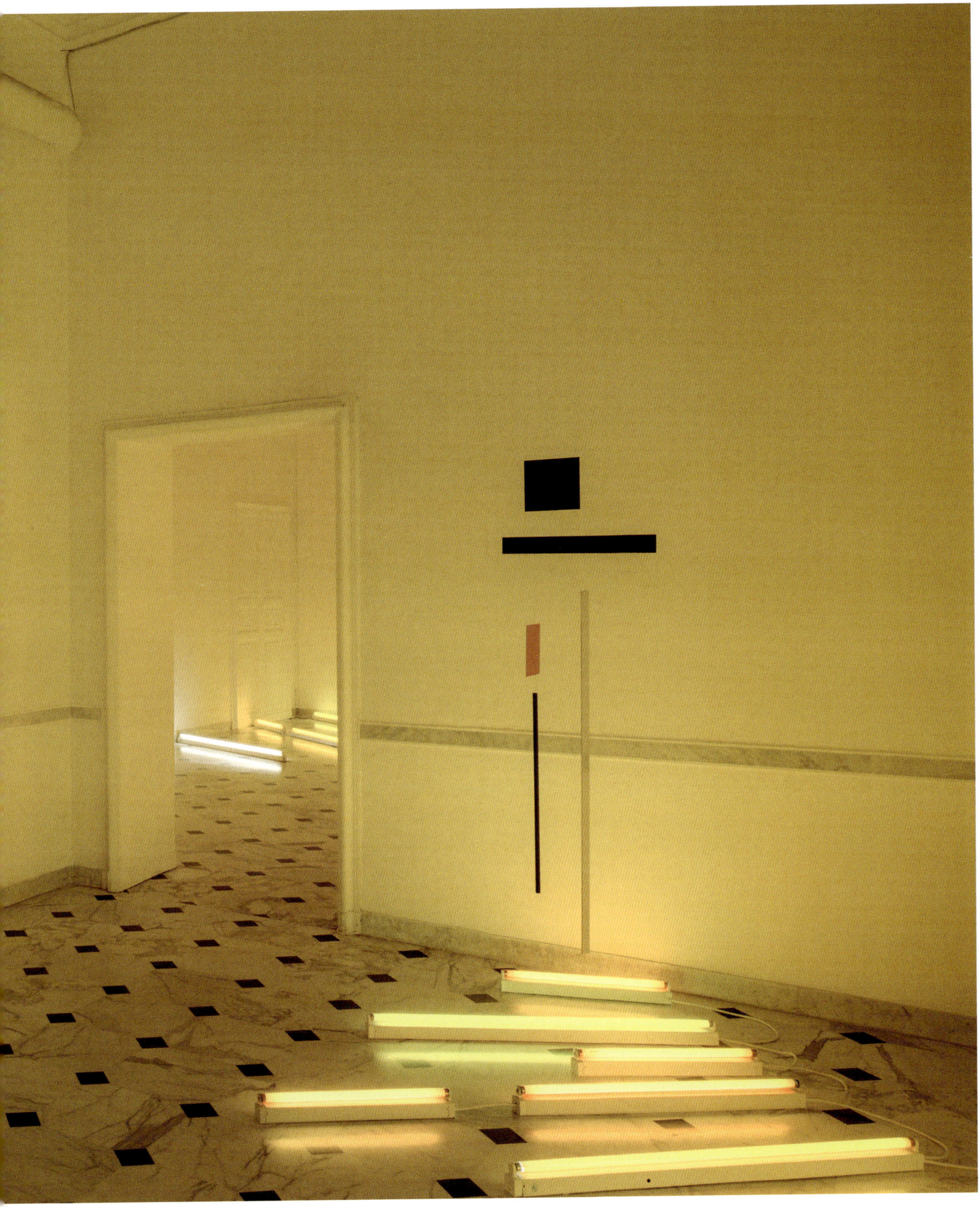

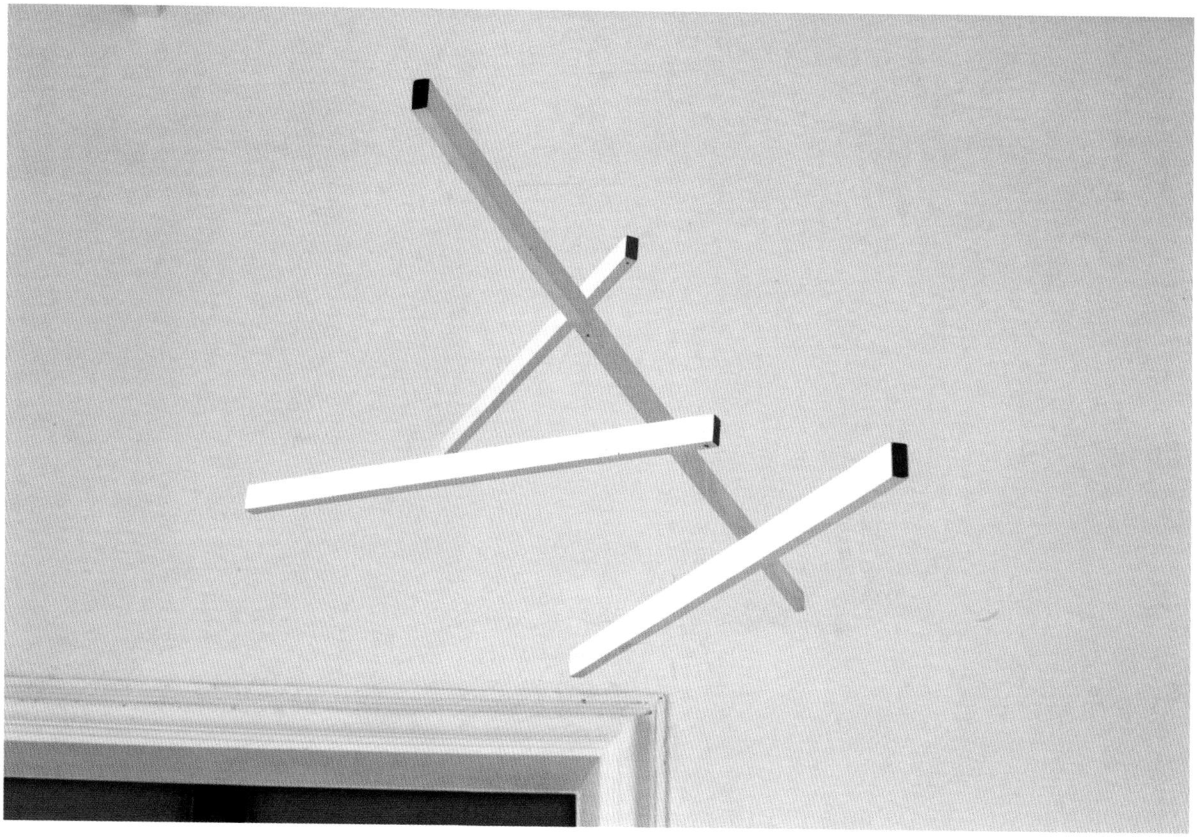

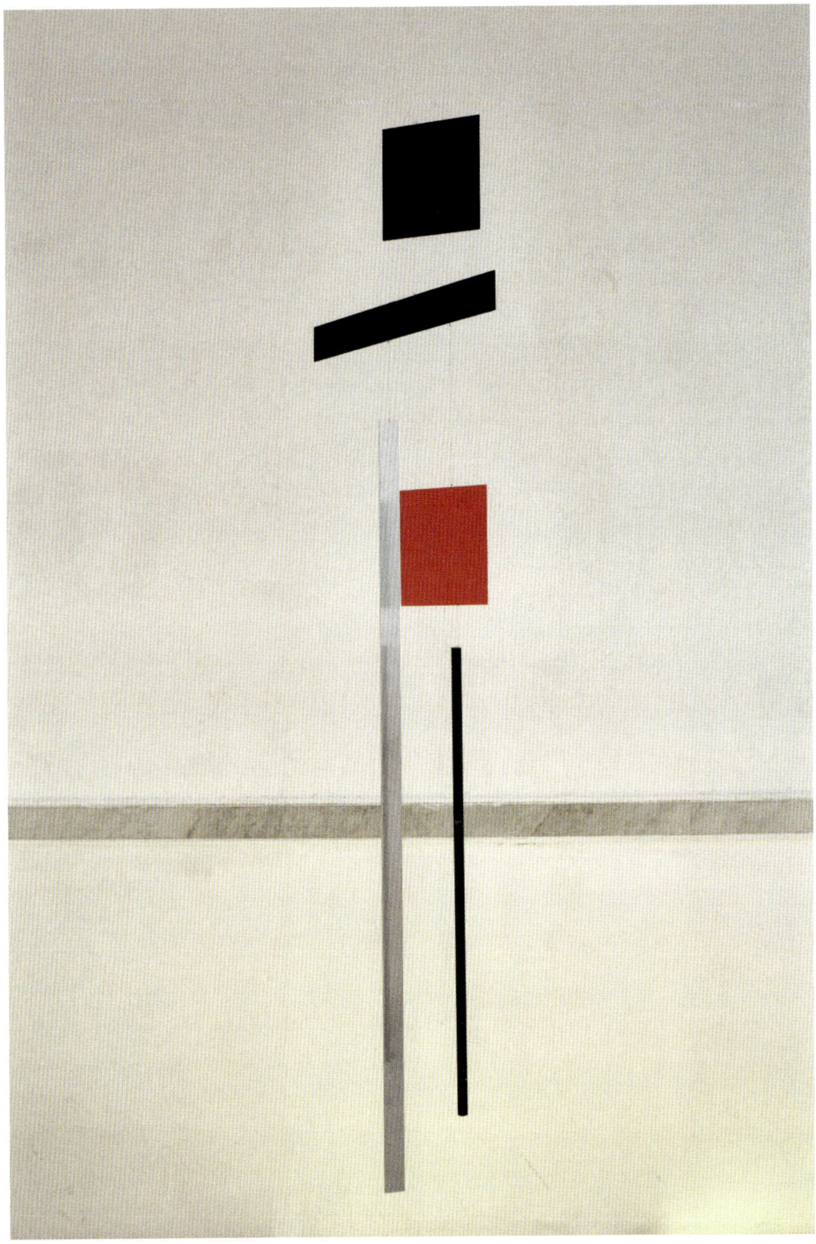

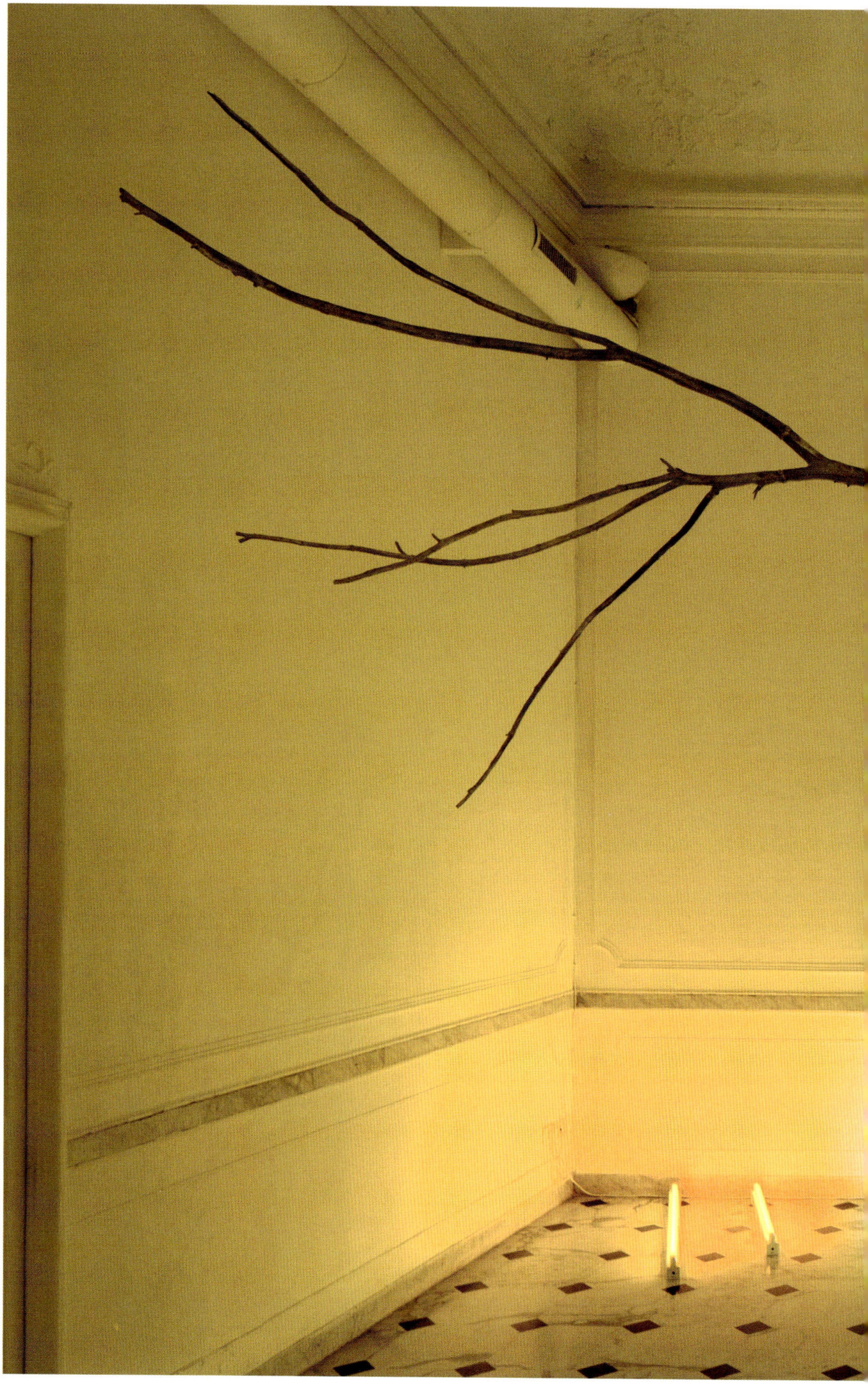

Silver Branch, 2016

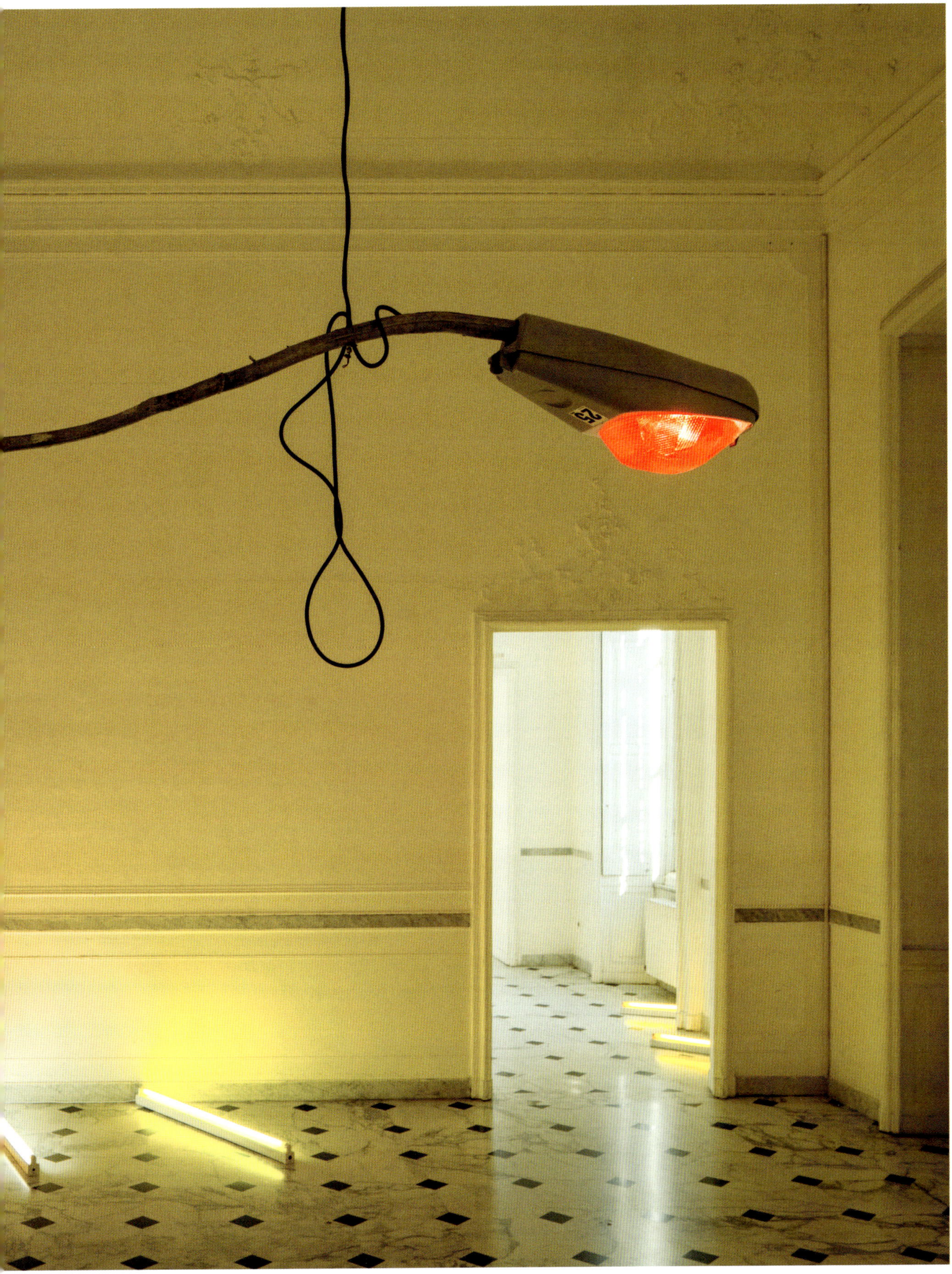

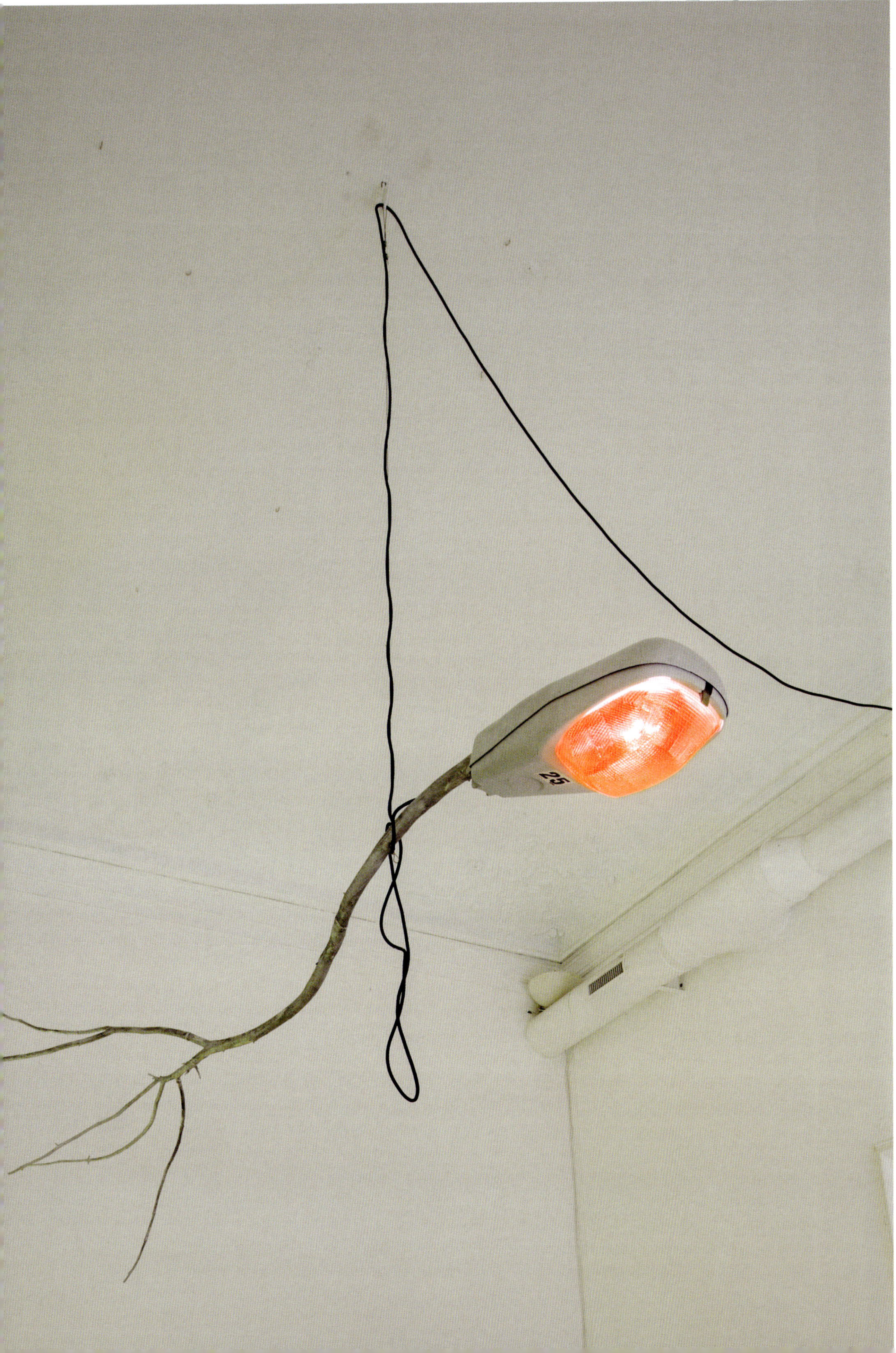

Diamond Hanger, 2016

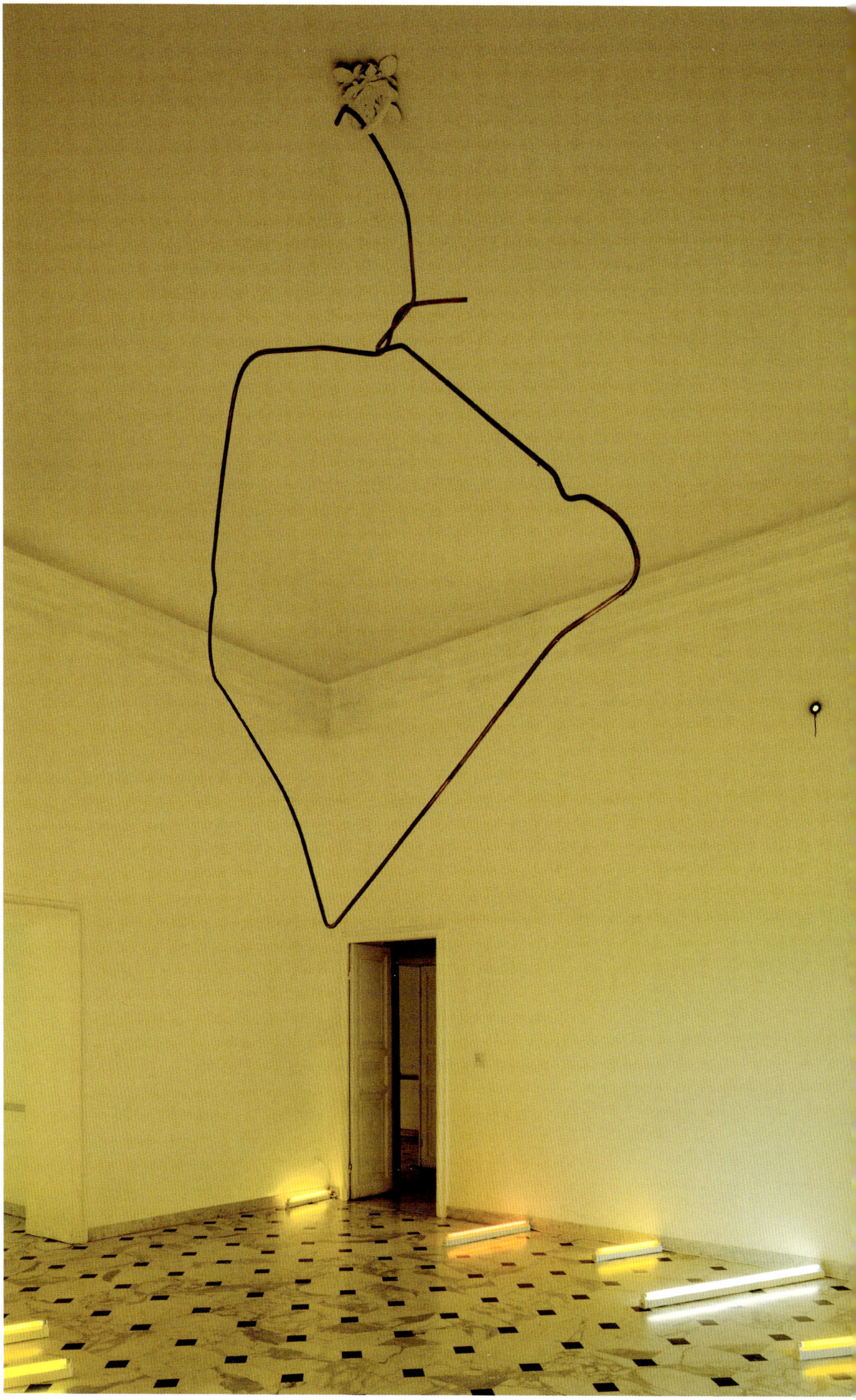

Noodles, 2013

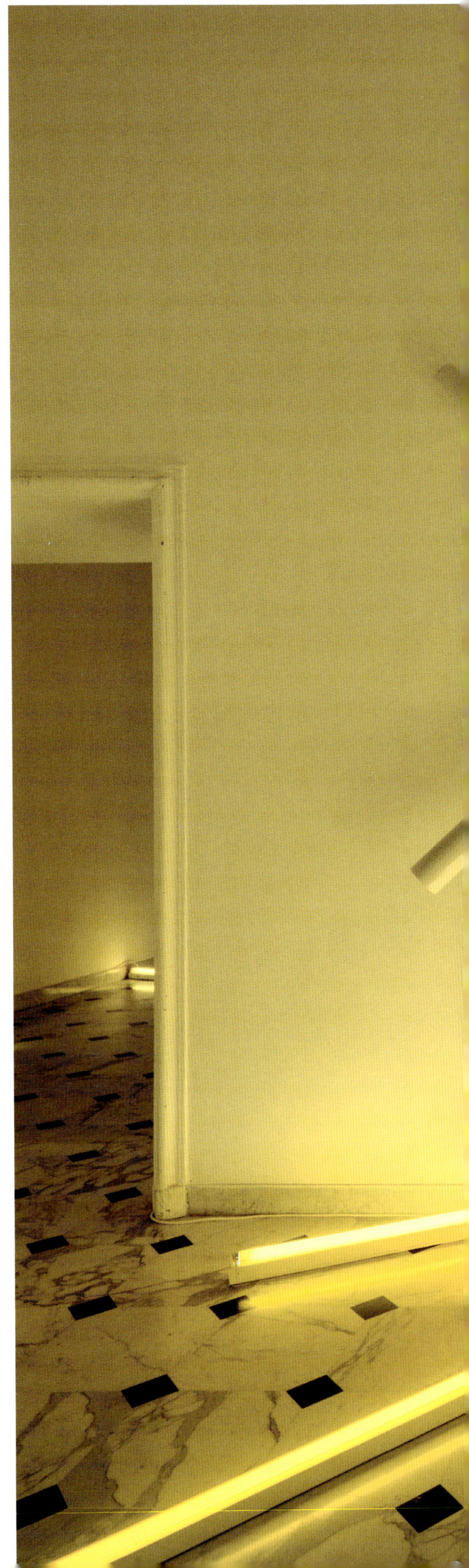

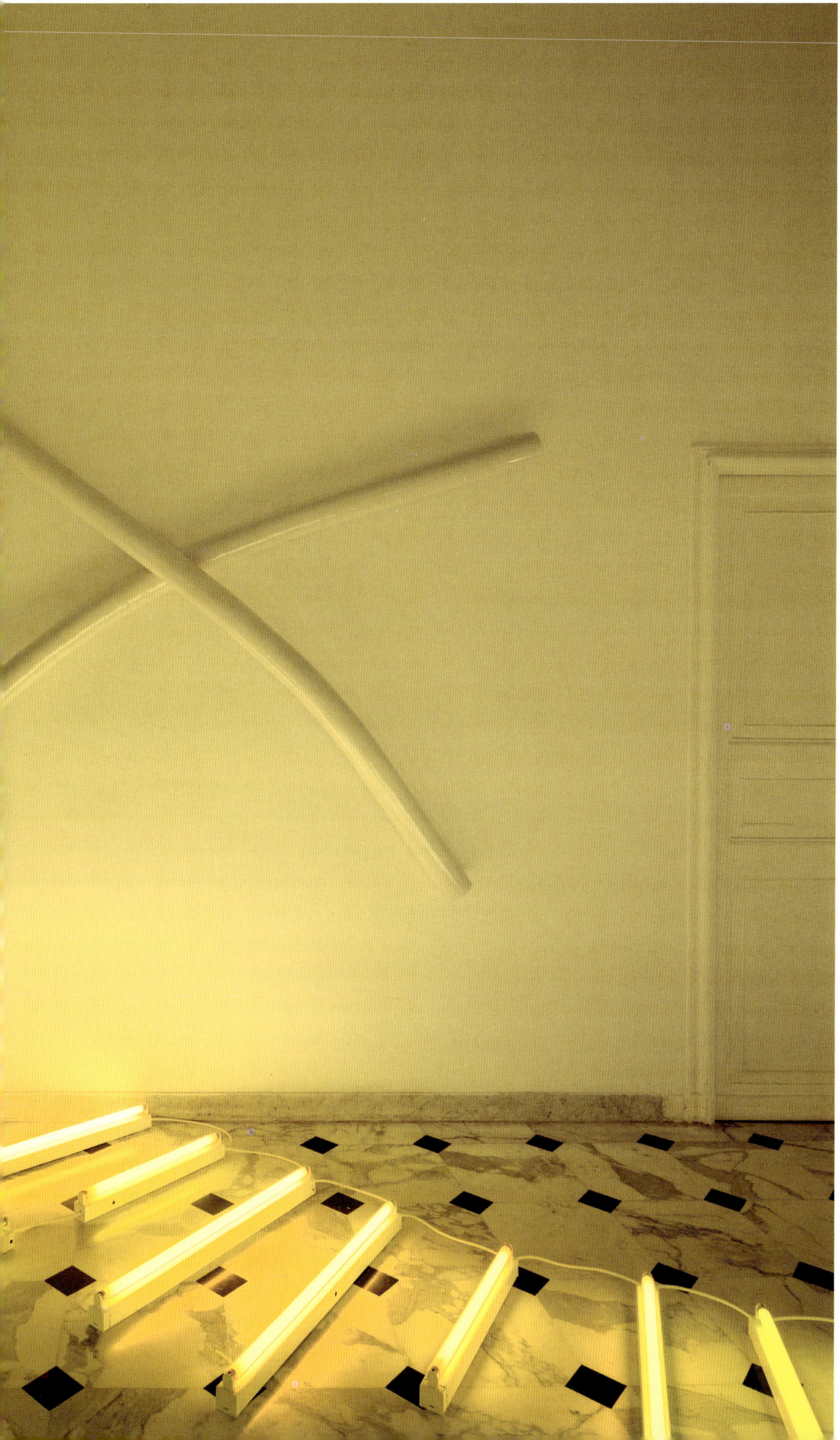

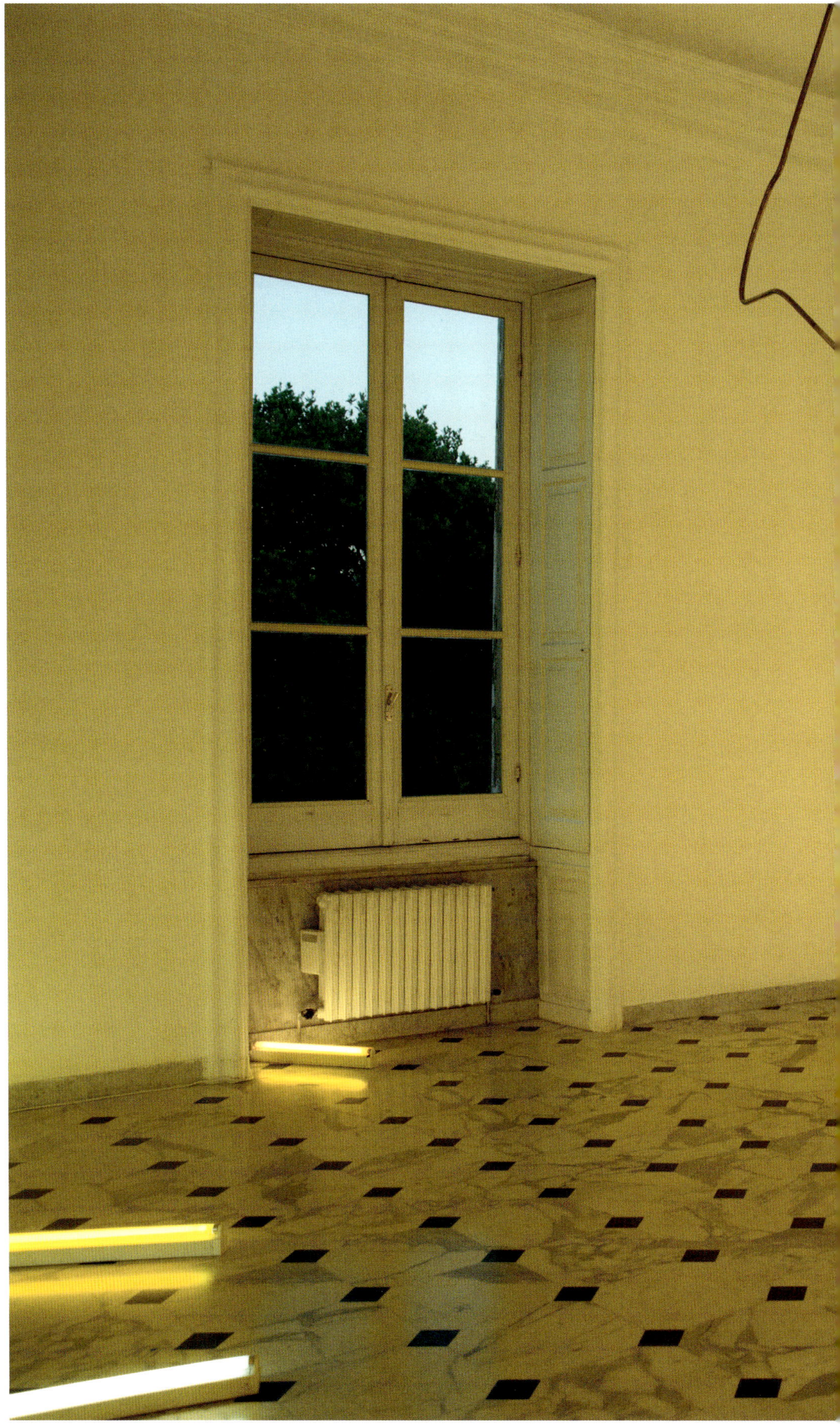

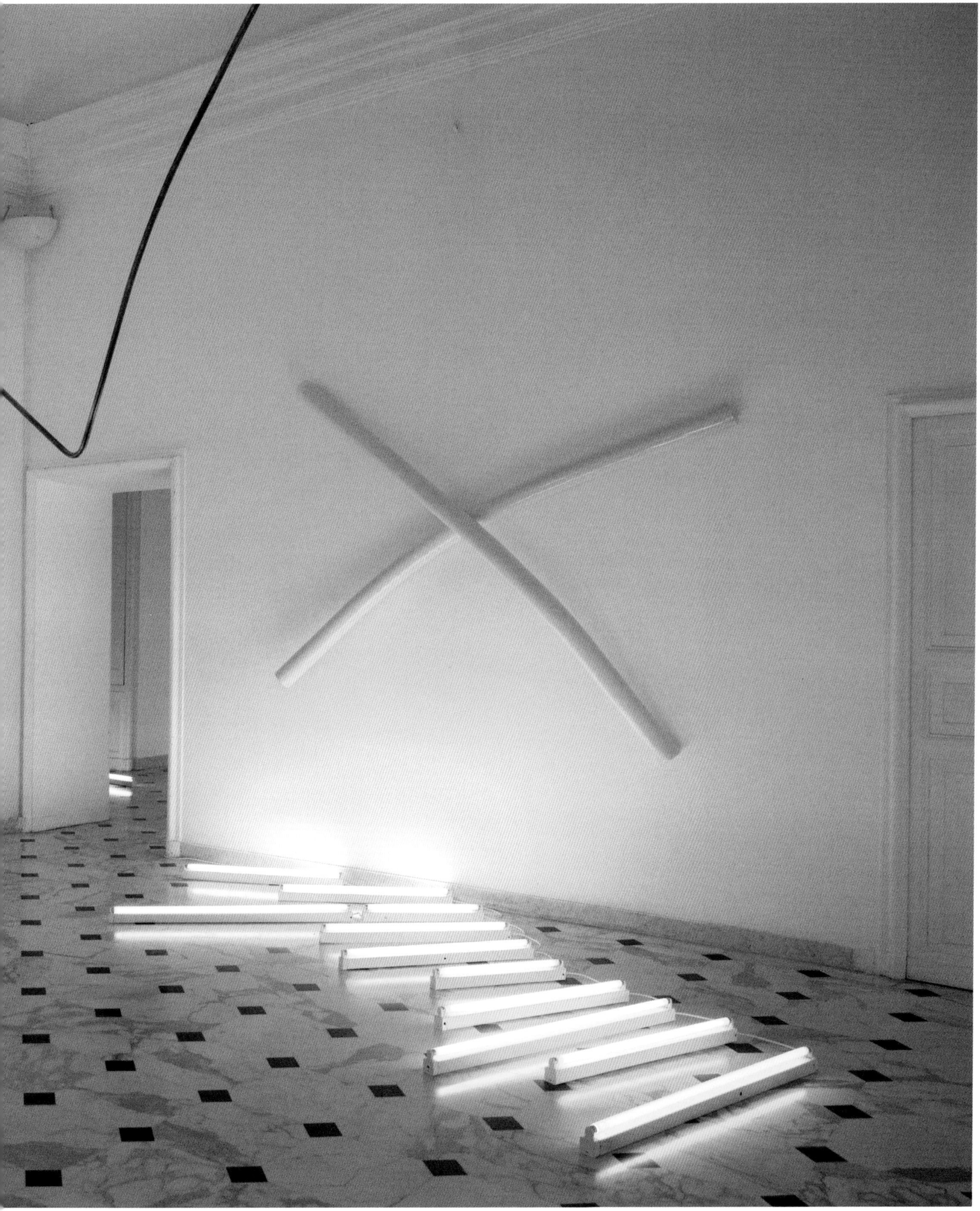

Diamond Hanger, 2016

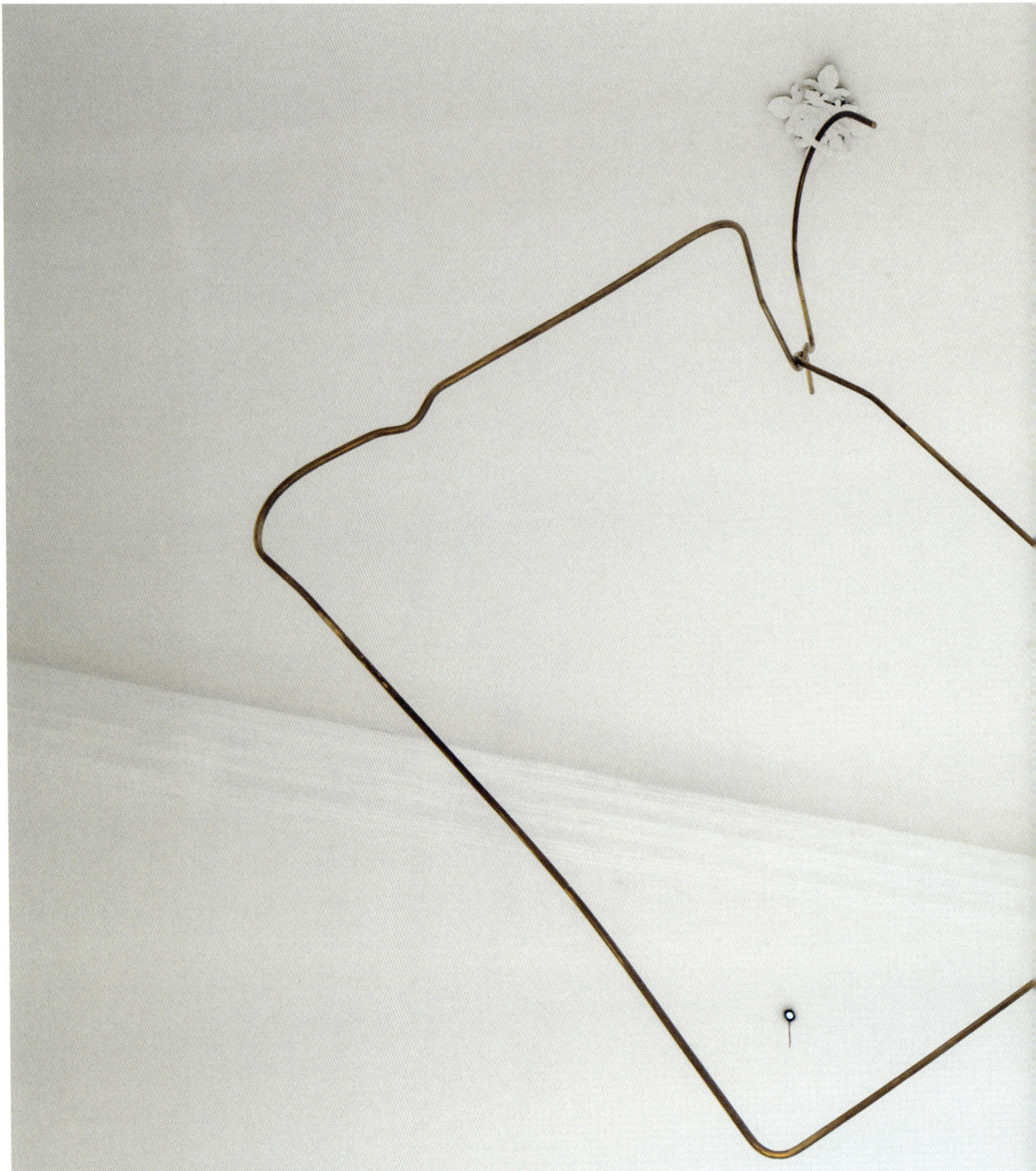

Golden Ring, 2013

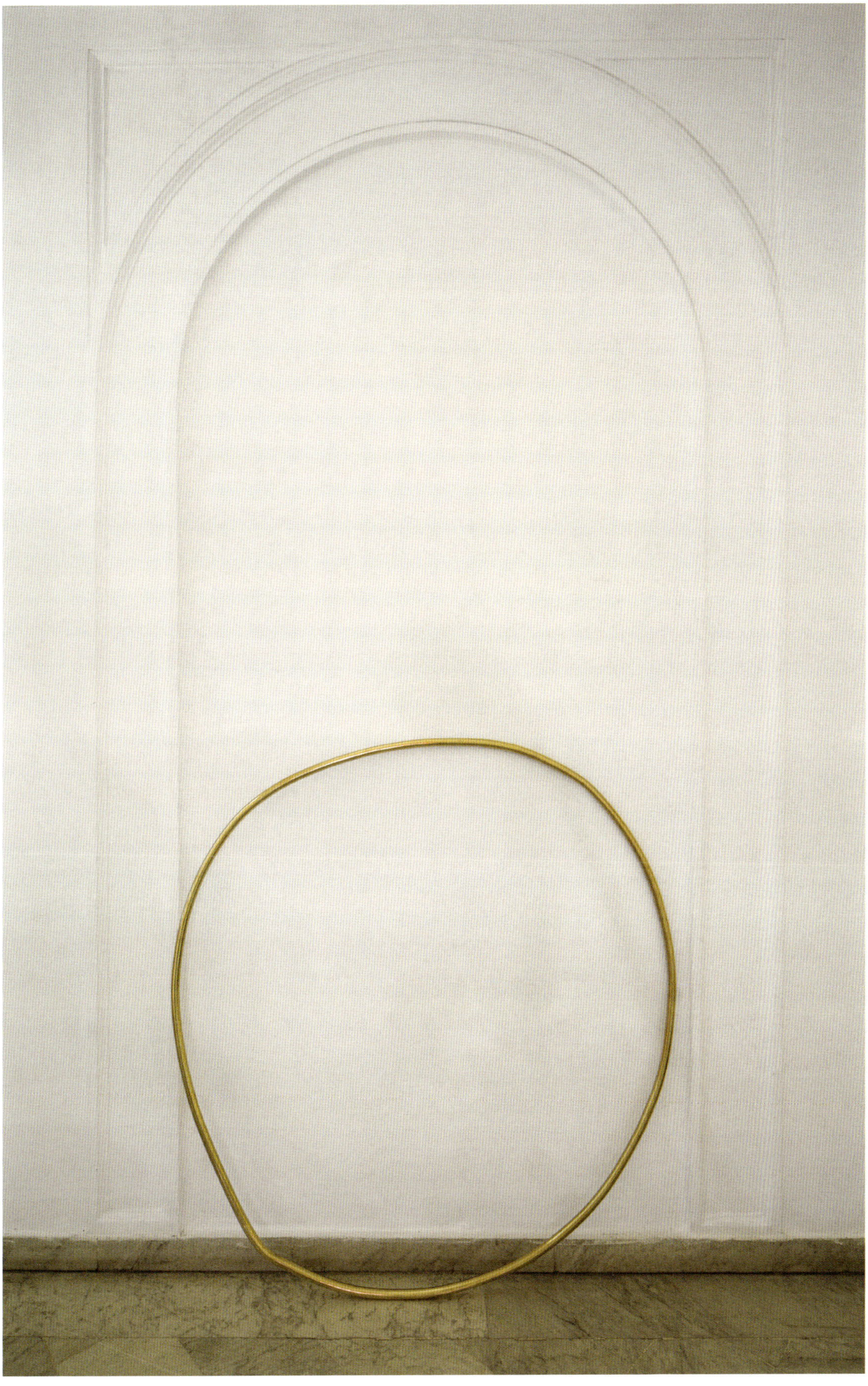

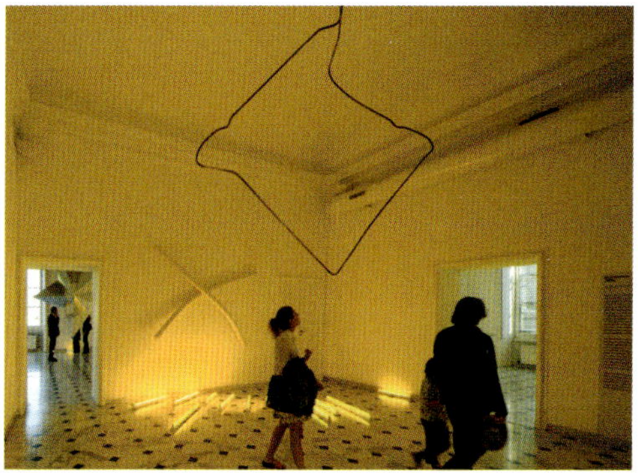

OPERE IN MOSTRA / LIST OF WORKS

pp. 37-39

Flagpole, 2016
roccia, metallo, tessuto /
rock, steel, fabric
Courtesy Galleria Franco Noero, Torino

Realizzata appositamente per la mostra *Smoke*, *Flagpole* è un'enorme asta deforme dalla quale sventola un vessillo con un disco rosso leggermente decentrato su campo viola che riprende, modificandone i colori, il motivo del sole nascente, carico di significati simbolici, presente sulla bandiera del Bangladesh. A dispetto delle dimensioni imponenti, la scultura sembra alludere all'assurdità di ogni pretesa territoriale e all'impossibilità della conquista. Come in molti lavori di Handforth, anche in *Flagpole* convivono molteplicità di significati, l'opera si presta infatti a essere interpretata come un'estrema richiesta di aiuto oppure, al contrario, come un segno di speranza.

—

Specifically created for the *Smoke*, exhibition, *Flagpole* is a huge crooked pole flying a flag bearing a slightly off-centre red disc on a purple field that recalls (using different colours) the rising sun motif so full of symbolic significance on the Bangladesh flag. In spite of its considerable dimensions, the work seems to hint at the absurdity of territorial disputes and the impossibility of conquest. As in many of Handforth's works, even *Flagpole* hosts a wide array of meanings; in fact, the work may be interpreted as one last-ditch call for help or, on the contrary, as a sign of hope.

pp. 43-45

Twisted Red Star, 2016
alluminio pressofuso, pittura, lampade fluorescenti /
aluminum, paint, fluorescent light fixtures
Courtesy Galleria Franco Noero, Torino

pp. 45-47, 50-54

Freeway Star, 2016
alluminio, stagnola riflettente /
aluminum, reflective foil
Courtesy of the artist

La produzione plastica di Mark Handforth si distingue per l'ironica fusione delle convenzioni figurative della scultura Pop e l'impianto geometrico di quella minimalista. Attraverso distorsioni inaspettate, convivenze fra sostanze eterogenee – metallo, pittura e luce – e la trasformazione delle proporzioni e dei rapporti di scala consueti, Handforth ha sviluppato un repertorio iconografico nel quale forme immediatamente riconoscibili e dense di valenze universali assumono nuovi significati. Per l'artista "c'è qualcosa di assolutamente inevitabile nella forma di una stella, è una forma iconica che appartiene a tutte le culture". Entrambe le opere sono realizzate con materiali di origine industriale: *Twisted Red Star* si sviluppa attraverso un complesso incastro di assi e putrelle deformate che suggeriscono un senso di equilibrio e, allo stesso tempo, di deflagrazione, come se l'opera fosse il frutto di uno scontro, l'esito di un accartocciamento. *Freeway Star*, ammaccata stella a cinque punte, condensa la dicotomia tra vuoto e pieno, concavo e convesso e, essendo in parte composta da materiali catarifrangenti, possiede la proprietà di rimandare la luce nella stessa direzione da cui proviene.

—

Mark Handforth's plastic production is distinguished by the ironical fusion of figurative conventions of Pop sculpture and the geometrical layout of the minimalist one. Through unexpected distortions, connivance between heterogeneous substances (metal, painting and light), the transformation of proportions and relations of the usual scale, Handforth has developed an iconographic repertoire where immediately identifiable forms seeped with universal values now assume new meanings. According to the artist: "There is something absolutely inevitable in the shape of a star, it is an iconic form that belongs to all cultures". Both works are made using material of industrial origin. *Twisted Red Star* has been created through a complex interlocking of distorted girders and boards: suggesting a sense of balance and, at the same time, of deflagration – as if the work were the result of a collision, the outcome of a crunch. *Freeway Star*, a battered five – pointed star, is a condensation of the dichotomy between full and empty, concave and convex; moreover, being partially made up of reflecting material, it can send light back into the same direction it came from.

pp. 72-75

Silver Branch, 2016
alluminio pressofuso, lampione stradale /
cast aluminum, street lamp

pp. 56-59

Lamphead Cross, 2016
acciaio, pittura, testa di lampione / steel, paint, lamphead

Da oltre un decennio, l'artista recupera e manipola lampioni stradali dismessi – in particolare quelli cosiddetti "a testa di cobra" che hanno caratterizzato il rinnovamento urbano negli Stati Uniti durante gli anni sessanta – per inserirli come elementi ready-made nelle sue sculture. Il ruolo, in apparenza secondario, dell'illuminazione pubblica nel paesaggio americano contemporaneo diventa centrale in questi dirompenti assemblaggi plastici che producono un sottile senso di straniamento, alterando la distanza che di norma separa lo spettatore dalla cima di un lampione e trasformando un elemento utilitaristico, la cui funzione ordinaria consiste nel consentire la visione, in oggetto esso stesso di osservazione. L'obsolescenza del dispositivo di illuminazione e la sua presenza costante, per quanto marginale, nell'immaginario collettivo diventano per Handforth materiale di indagine artistica e di trasfigurazione del familiare attraverso un'attenta articolazione di materiali eterogenei. In *Silver Branch* il lampione, sospeso in precario equilibrio al centro della sala, è innestato su un ramo di alluminio in una surreale ibridazione fra il naturale e l'artificiale che altera la percezione ordinaria della realtà, mentre in *Lamphead Cross* il lampione si presenta capovolto ai piedi di una croce sbilenca risultante dall'intersezione di profilati metallici deformi, quasi fosse il prodotto di un incidente stradale catastrofico, il residuo contorto di una forma latente di violenza.

—

For over a decade, the artist has been retrieving and processing disused street lamps – particularly the so-called "cobra head" street lights that characterized urban renewal in the United States during the 1960s – and has inserted them into his sculptures as ready-made elements. The role (an apparently secondary one) of public illumination within the contemporary American landscape becomes central in these explosive plastic assemblies that produce a subtle sense of estrangement, altering the distance that normally separates the spectator from the top of a street lamp and transforming a utilitarian element (whose ordinary function is to allow vision) into an object of observation itself. The obsolescence of the lighting device and its constant presence, however marginal, in collective thought become material for artistic investigation and transfiguration of the familiar for Handforth – through the careful articulation of heterogeneous material. In *Silver Branch* the street lamp, hanging precariously in the middle of the showroom, is grafted onto an aluminium branch in a surreal hybridization between the natural and the artificial – altering the ordinary perception of reality. While the street lamp in *Lamphead Cross* appears upside-down at the foot of a lopsided cross resulting from the intersection of deformed metal sections – as if it were the product of a catastrophic road accident, the twisted remains of a hidden form of violence.

pp. 49, 57, 61-63, 68-69, 72-73, 76-81

Shadow Sun, 2016
lampade fluorescenti /
fluorescent light fixtures
Courtesy Gavin Brown's Enterprise, New York

Shadow Sun è una complessa installazione ambientale che si estende su tutto il piano nobile del museo. La composizione di lampade fluorescenti forma un mandala luminoso che evoca il motivo dell'irradiazione solare, come se un sole artificiale, situato idealmente nel centro planimetrico del museo, proiettasse i suoi raggi in ogni sala e oltre le pareti, lungo traiettorie infinite. I tubi a luce fluorescente disposti a terra funzionano come vettori direzionali che imprimono uno slancio centrifugo al percorso espositivo e disegnano una raggiera frammentaria e irregolare la cui forma compiuta non è mai data nella sua interezza e si rivela solo gradualmente, con l'avanzare di sala in sala, attraverso un'operazione mentale ed esperienziale di unione delle varie parti. L'alternanza cromatica fra luce calda e luce fredda altera la percezione dell'ambiente e avvolge, trasfigurandola, l'irruente fisicità delle altre sculture. *Shadow Sun* trasforma radicalmente l'incontro con le opere in mostra calandole in una dimensione immersiva e innescando un dialogo fra lo spazio dello spettatore e le energie dello spazio cosmico.

—

Shadow Sun is a complex environmental installation that stretches out over the entire main floor of the museum. The composition of fluorescent light fixtures forms a luminous mandala that evokes the subject of solar radiation, as if an artificial sun (ideally located right in the middle of the museum ground plan) projects its rays in every showroom and beyond the walls – along endless trajectories. Fluorescent light tubes arranged on the floor act as directional vectors giving centrifugal impetus to the exhibition path, outlining a fragmentary and irregular sunburst whose complete form is never given in its entirety and only reveals itself gradually going from one room to the next, through a mental and experiential operation that joins the various parts. The alternation of colour between warm light and cold light alters the perception of the environment – while enveloping and transfiguring the impetuous physicality of other sculptures. *Shadow Sun* radically transforms the encounter with the works on exhibition by lowering them into an immersive dimension and triggering a dialogue between the spectator's space and the energies of cosmic space.

pp. 61, 64-67

Phone Holes (mirror holes), 2013-16
specchi, pittura / mirrors, paint
Courtesy Galerie
Eva Presenhuber, Zurich

Piccoli specchietti rotondi, circondati da aloni gocciolanti di pittura, compongono la sagoma ingigantita di una cornetta telefonica, ricreando sulla parete del museo l'illusione del logo traforato impresso sulle cabine telefoniche americane. Oggetto dalla funzione ormai desueta, oggi rimpiazzato da dispositivi privati e altamente tecnologici, il telefono pubblico rimanda a una modernità non troppo lontana in cui gli strumenti di comunicazione appartenevano ancora a una dimensione condivisa. L'ultimo di una serie di lavori che si appropriano della forma del telefono per declinarla in diverse soluzioni estetiche, *Phone Holes (mirror holes)* è il pretesto per una riflessione, divertita e melanconica, sulle idee di presenza e assenza, sulle forme di dialogo e le possibilità di comunicazione nell'epoca contemporanea.

—

Small little mirrors, surrounded by haloes dripping in paint, make up the magnified outline of a telephone receiver, recreating the illusion of the perforated logo imprinted on American telephone booths on the museum wall. An object whose function is by now obsolete, today replaced by private and highly technological devices, the public telephone refers to not too distant modernity – one in which communication instruments still belonged to a shared dimension. The last of a series of works take possession of the telephone form in order to combine it with different aesthetic solutions, *Phone Holes (mirror holes)* is the pretext for entertained and melancholic reflections on the ideas of presence and absence, on forms of dialogue and the chances for communication in contemporary times.

pp. 68-71

BRUNO MUNARI
Macchina inutile, 1945-1980
alluminio anodizzato, serigrafia / nylon anodyzed aluminum, serigraphy, nylon

Macchina inutile, 1947-1983
legno laccato, tempera a caseina / lacquered wood, casein paint

Le *Macchine inutili* appartengono all'esordio futurista di Bruno Munari nella Milano degli anni trenta. Sono aggregazioni instabili di materiali poveri e leggeri, semplici bacchette di legno con minimi interventi cromatici, macchine dalla "utilità" puramente estetica che, sospese nello spazio, reagiscono alle sollecitazioni ambientali attraverso un delicato movimento fatto di vibrazioni, tremolii, rotazioni e inclinazioni appena percettibili. L'opera di Munari sviluppa le teorizzazioni futuriste sul dinamismo in direzione poetica, creando esili assemblaggi aerei di elementi che si muovono in direzioni e con velocità indipendenti portando alla creazione di composizioni casuali e mutevoli, in una sorta di pittura fluttuante che libera la staticità dell'astrazione geometrica nello spazio.

—

Macchine inutili (Useless Machines) belong to the Futurist debut of Bruno Munari in Milan during the 1930s. They are unstable combinations of poor and light materials, simple wooden chopsticks with minimal interventions in colour, machines of a purely aesthetic "use" that, suspended in space, react to environmental solicitation through a delicate movement made up of barely perceptible vibrations, tremors, rotations and inclinations. Munari's work develops Futurist theories involving dynamism in a poetic direction, creating feeble ethereal assemblies with elements moving in independent directions and speeds, leading to the creation of random and changing compositions, in a sort of fluctuating painting that frees the static nature of geometric abstraction into space.

pp. 76, 82-83

Diamond Hanger, 2016
ottone / brass
Courtesy of the artist

p. 85

Golden Ring, 2013
ottone / brass
Courtesy Galleria Franco Noero, Torino

In queste opere l'ingombro plastico sembra dissolversi nello spazio, ridotto alla essenzialità e alla leggerezza di una evoluzione puramente lineare. La scultura rinuncia a ogni pretesa di pienezza e si assottiglia in filamenti luminosi che disegnano forme aeree nello spazio, delicati tracciati di una gestualità artistica ampia ma sintetica che trasforma il vuoto in elemento constitutivo dell'opera, l'oggetto scultoreo in un monumento evanescente. *Golden Ring* possiede tutta la semplicità di un paradosso: è un cerchio sbagliato, dalla circonferenza irregolare, nel quale l'idea di perfezione viene filtrata dalle inevitabili imprecisioni di una esecuzione manuale. Appesa al soffitto, *Diamond Hanger* è invece un'enorme gruccia distorta che riprende la forma degli appendiabito di filo metallico utilizzati dalle lavanderie, un oggetto economico dal ciclo vitale molto breve che appartiene alla quotidianità di ciascuno e che, al momento di essere dismesso, viene spesso accartocciato. Come spesso succede nel lavoro di Mark Handforth, calibrati interventi di deformazione uniti a una strategia di ingrandimento esasperato delle dimensioni trasformano oggetti semplici e comuni in forme sorprendenti che mettono in discussione ogni interpretazione definitiva.

—

In these works, the plastic encumbrance seems to vanish into space, reduced to the simplicity and lightness of a purely linear evolution. The sculpture surrenders all claims to fullness and tapers out into bright filaments that outline aerial shapes in space, delicate traces of a broad yet concise artistic expressiveness that transforms the void into a constituting element of the artwork, the sculptural object into an evanescent monument. *Golden Ring* possesses all the simplicity of a paradox: it is a mistaken circle, with an irregular circumference, where the idea of perfection is filtered by the inaccuracies intrinsic to manual execution. Hanging from the ceiling, *Diamond Hanger* is instead a huge distorted coat hanger like the wire ones used by dry cleaners – a cheap object with a very brief life cycle that belongs to the daily lives of each and every one of us. An object that is most often crumpled up when discarded. As often occurs in the work of Mark Handforth: measured deformations united with a strategy of exaggerated blown-up dimensions that transform simple and common objects into surprising shapes that challenge any final interpretation.

pp. 78-81

Noodles, 2013
acciaio, smalto /
steel, enamel paint
Courtesy Galleria Franco Noero, Torino

Noodles è una grande "x", un po' storta e leggermente schiacciata, delicatamente poggiata sulla parete. Il titolo dell'opera invita a identificare i due elementi tubolari come "spaghetti" sovrapposti le cui dimensioni sono talmente fuori misura da non essere riconoscibili in quanto tali e la cui consistenza, in apparenza morbida e flessibile risulta, in realtà, da uno specifico trattamento di materiali estremamente rigidi e resistenti. Anche in questo caso Handforth rivolge la sua attenzione deformante nei confronti di cose minime e banali, si appropria di un elemento secondario del quotidiano per reinventarlo e sperimentare un'idea di monumentalità ludica che ridefinisce i contorni della realtà. Come afferma lo stesso artista, *Noodles* è "una forma astratta che vive in quel mondo di mezzo tra realtà e volontà formale".

—

Noodles is a large, a little crooked and slightly flattened "x" that gently leans on the wall. The title of the work invites one into identifying the two tubular elements as superimposed "noodles" whose dimensions are so blown-out as to make it unrecognizable as such; its texture, which is apparently soft and flexible, is actually the result of specific treatment conducted on extremely stiff and resistant materials. Once again, Handforth turns his deforming attention to minimal and commonplace objects; he takes possession of a secondary element of everyday life, only to reinvent it and experiment with an idea of playful monumentality that redefines the boundaries of reality. As affirmed by the artist himself: "Noodles is an abstract form that lives in a world somewhere between reality and formal will".

BIOGRAFIA / BIOGRAPHY

Mark Handforth
Nato / Born 1969, Hong Kong

Formazione / Education

1988-92
The Slade School of Fine Art, University College, London, United Kingdom

1990-91
Staatliche Hochschule fur Bildende Kunste, Stadelschule, Frankfurt am Main, Germany

Mostre personali / Solo Exhibitions

2016
Smoke, Museo d'arte Contemporanea Villa Croce, Genova, Italy

Snow White and Pink Panther, Galerie Eva Presenhuber, Zurich, Switzerland

2015
The Excentric Circle, The Modern Institute Aird's Lane, Glasgow, Scotland

2014
Rough Dark Diamond, Kayne Griffin Corcoran, Los Angeles, CA

Sidewalk Island, Governors Island, New York, NY

Black Star, Gavin Brown's Enterprise, New York

Man in the Mirror, The Vanhaerents Art Collection, Brussels, Belgium

2013
Galleria Franco Noero, Turin, Italy

Galerie Eva Presenhuber, Zurich, Switzerland

2012
L'Etoile de Bagnolet, Permanent installation, Place de la Porte de Bagnolet, Paris, France

2011
Rolling Stop, Museum of Contemporary Art, North Miami, FL

Hessel Museum of Art and CCS Galleries, Bard College, Annandale-on-Hudson, TX

MCA Chicago Plaza Project: Mark Handforth, Museum of Contemporary Art, Chicago, IL

2010
Gavin Brown's enterprise, New York, NY

The Modern Institute, Glasgow, Scotland

2009
Kunstnernes Hus, Oslo, Norway

2008
Galerie Almine Rech, Paris, France

Galerie Eva Presenhuber, Zurich, Switzerland

Gavin Brown's enterprise, New York, NY

2007
Platz, Galerie Eva Presenhuber/ Tessinerplatz, Zurich, Switzerland

Concentrations 51: Mark Handforth, Dallas Museum of Art, Dallas, TX

2006
Galerie Eva Presenhuber, Zurich, Switzerland

Mark Handforth – No, The Modern Institute, offsite, Glasgow, Scotland

2005
Stroom, Den Haag, Netherlands

Galerie Almine Rech, Paris, France Fondation Vasarely, Aix-en-Provence, France

Gavin Brown's enterprise, New York, NY

Kunsthaus Zürich, Zurich, Switzerland (cat.)

2004
Wrong Gallery, New York, NY

Roma Roma Roma, Rome, Italy

The Modern Institute, Glasgow, Scotland

2003
Le Consortium, Dijon, France

Lamppost, a Public Art Fund commission, New York, NY

2002
UCLA Hammer Museum, Los Angeles, CA

Gavin Brown's enterprise, New York, NY

Galleria Franco Noero, Turin, Italy

2000
Free Bird, Gavin Brown's enterprise, New York, NY

1998
Gavin Brown's enterprise, New York (with Dara Friedman), NY

1997
Miami Arts Project, four bus shelters for Metro-Dade Art in Public Places, Miami, FL

1996
She is stupid I am worried, Frederic Snitzer Gallery, Miami (with Dara Friedman), FL

Not from where I'm standing, Project Room, Museum of Contemporary Art, Miami, FL

1994
Cheap, Jason Rubell Gallery, Miami Beach (with Adam Kuczynski), FL

1991
Galerie Krieg, Frankfurt am Main, Germany

Mostre collettive / Group Exhibitions

2016
FRAC Poitou-Charentes, Poitou-Charentes, France

2015
La Joie de Vivre, Palais des Beaux-Arts, Lille, France

Ugo Rondinone: I ♥ John Giorno, Palais de Tokyo, Paris, France

Love Story – Works from Erling Kagge's Collection, Astrup Fearnley Museet, Oslo

2014
Blackout, Galerie Rodolphe Janssen, Brussels, Belgium

Natura Lapsa, Confort Moderne, Poitiers, France

2013
Retour du monde, Publicly commissioned art on a Paris tram route, Musée d'art moderne et contemporain, Geneva, Switzerland

Marseille-Provence 2013, place François Villon, Aix en Provence, France

2012
Mark Handforth, Mark Lecky, Kerstin Brätsch, Gavin Brown's enterprise, New York, NY

Luminale Midwest: Sunlight on Cold Water, Kunsthalle Detroit, Detroit, MI

Hors les Murs, FIAC Jardin des Tuileries, Paris, France

2011
Painting Show, Eastside Projects, Birmingham, United Kingdom

American Exuberance, Rubell Family Collection, Miami, FL

2010
Born in Dystopia, Rosenblum Collection, Paris, France (cat.)

At Home/Not at Home, Hessel Museum of Art, New York, NY

Ghost Colour, Collection Vanmoerkerke, Oostende, Belgium

2009
Tonite, The Modern Institute, Glasgow, Scotland

Beg Borrow and Steal, Rubell Family Collection, Miami, FL

Mapping the Studio: Artists from the François Pinault Collection, Palazzo Grassi / Punta della Dogana, Venice, Italy

We Are Sun-kissed and Snow-blind, Galerie Patrick Seguin invites Galerie Eva Presenhuber, Paris, France

2008
Pivot Points: Defining MOCA's Collection, Museum of Contemporary Art, North Miami, FL

The Freak Show, Musée de la Monnaie, Paris, France

The Complexity of the Simple, L & M Arts, New York, NY

2007
Disorder in the House, Vanhaerents Art Collection, Brussels, Belgium

Jubilee Exhibition, House Eva Presenhuber, Vnà, Switzerland

Château de Tokyo/Tokyo, Redux, Ile de Vassivière, France

From Site to Site: Light Art in Parks, Villas, and Museums, Internationale Lichttage Winterthur, Switzerland

He Freak Show, Musée d'Art Contemporain de Lyon, Lyon, France

2006
The Uncertainty of Objects and Ideas, Hirshhorn Museum and Sculpture Garden, Washington

5 Milliards d'Années, Palais de Tokyo, Paris, France

La Force de l'Art, Le Grand Palais, Paris, France

Optik Schröder, Sammlung Alexander Schröder, Kunstverein Braunschweig, Braunschweig, Germany (cat.)

Boomerang, Swiss Institute, New York

2005
Light Art from Artificial Light, ZKM Museum for Contemporary Art, Karlsruhe, Germany

Lotissement de Cimaises, Villa Arson, Nice, France

2004
Never Never Landscape, Atle Gerhardsen, Berlin, Germany (curated by Kirsty Bell)

Terminal 5, JFK Airport, New York, NY

Regen Projects, Los Angeles, CA

It's all an Illusion, Migros Museum, Zurich, Switzerland

Galerie Almine Rech, Paris, France

Keep Your Head to the Sky, Gavin Brown's enterprise, New York, NY

Genesis Sculpture, Domaine de Pommery, Reims, France

Whitney Biennial, Whitney Museum of American Art, New York, NY

2003
Inaugural Group Exhibition, Gavin Brown's enterprise, New York, NY

Coollustre, Collection Lambert en Avignon, Avignon, France

It Happened Tomorrow, Lyon Biennale, Lyon, France

Breathing the Water, Galerie Hauser & Wirth & Presenhuber, Zurich, Switzerland

20th *Anniversary–Welcome home*, Gavin Brown's enterprise, New York, NY

2002
My head is on fire but my heart is full of love, Charlottenborg Exhibition Hall, Copenhagen, Denmark

2001
Humid, The Moore Building, Miami, (curated by Dominic Molon), FL

Lokalzeit, Johanniterbrücke, Basel, Switzerland

2000
Making Art in Miami: Travels in Hyperreality, Museum of Contemporary Art, Miami

Deja-Vu, Art Miami, Miami, FL (curated by Amanda Cruz)

1999
Heads-up, Museum of Contemporary Art, Miami

Leftover Festivities, Nature Morte, Delhi, India (curated by Clarissa Dalrymple)

1998
New Art: South Florida, Museum of Contemporary Art, Miami (cat.), FL

Oriental Nights performance, Gavin Brown's enterprise, New York, NY

1997
Bobois, Galerie Krinzinger, Art Miami, Miami, FL

1996
Joint Venture, Galerie Krinzinger, Vienna, Austria

1993
Jason Rubell Gallery, Miami Beach, FL

1991
Zwischen Dürer und Holbein, Städel, Frankfurt am Main, Germany

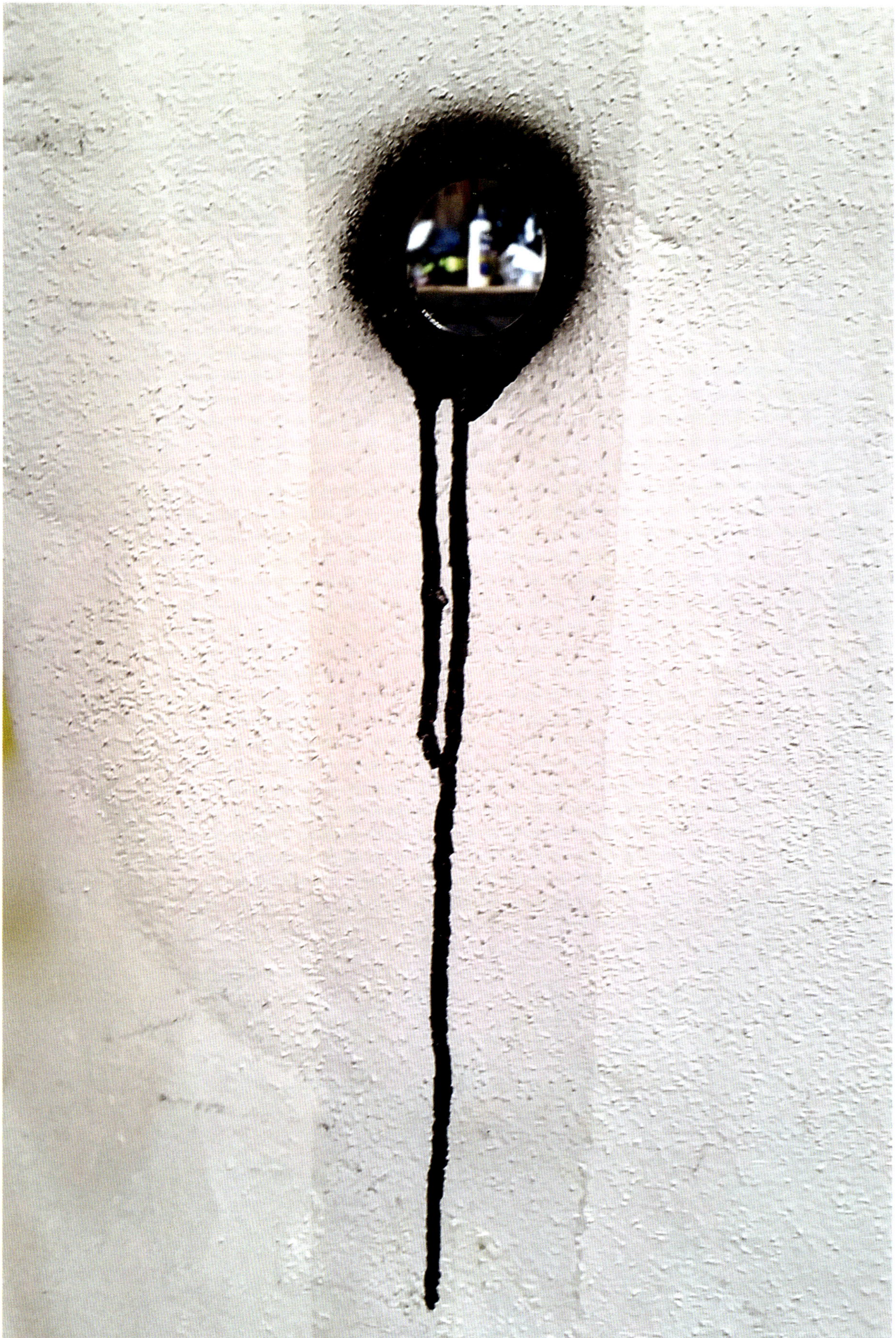

Mirror Hole, in studio,
Miami 2016

Silvana Editoriale

Direzione editoriale / Direction
Dario Cimorelli

Art Director
Giacomo Merli

Redazione / Copy Editor
Lorena Ansani

Coordinamento editoriale / Editorial Coordinator
Sergio Di Stefano

Coordinamento di produzione / Production Coordinator
Antonio Micelli

Segreteria di redazione / Editorial Assistant
Ondina Granato

Ufficio iconografico / Photo Editors
Alessandra Olivari, Silvia Sala

Ufficio stampa / Press Office
Lidia Masolini, press@silvanaeditoriale.it

ISBN: 9788836634811

Available through ARTBOOK | D.A.P.
155 Sixth Avenue, 2nd Floor, New York, N.Y. 10013
Tel: (212) 627-1999 Fax: (212) 627-9484

Silvana Editoriale S.p.A.
via dei Lavoratori, 78
20092 Cinisello Balsamo, Milano
tel. 02 453 951 01
fax 02 453 951 51
www.silvanaeditoriale.it

Le riproduzioni, la stampa e la rilegatura sono state eseguite in Italia /
Reproductions, printing and binding in Italy
Stampato da / Printed by
Ditta Giuseppe Lang S.r.l., Genova

Finito di stampare
nel mese di luglio 2016 /
Printed in July 2016

Testi / Texts
Ilaria Bonacossa, Mary Ceruti
Veronica Gonzalez Peña, Anna Lovecchio

Fotografie / Photographies
© Henrik Blomqvist

Traduzioni / Translations
Contextus srl, Pavia
(Sara Crimi, Vittoria Farallo)

Progetto grafico / Graphic design
Nom de Plume

Tutte le immagini in bianco e nero / All black and white images
courtesy di Galleria Franco Noero, Torino; The Modern Institute, Glasgow; Galerie Eva Pressenhuber, Zurich; Gavin Brown's enterprise, New York e Kayne Griffin Corcoran, Los Angeles

Questo libro è stato pubblicato in occasione della mostra / This book was published on the occasion of the show

Mark Handforth **Smoke**
23.06 – 4.09 2016
Museo Villa Croce, Genova

a cura di / curated by
Ilaria Bonacossa

Con il supporto di / With the support of
Amici Villa Croce, Galleria Franco Noero, Torino; The Modern Institute, Glasgow; Galerie Eva Pressenhuber, Zurich; Gavin Brown's enterprise, New York e Kayne Griffin Corcoran, Los Angeles

MUSEO D'ARTE CONTEMPORANEA VILLA CROCE

Comune di Genova
Fondazione Palazzo Ducale per la Cultura
Museo Arte Contemporanea Villa Croce

Direttore Artistico / Artistic Director
Ilaria Bonacossa

Registrar
Francesca Serrati

Curatore / Curator
Anna Lovecchio

Assistente curatore / Curatorial Assistant
Ginevra Doria
Michela Murialdo

Produzione e Allestimenti / Production and Installation
Anto Milotta

Elettricisti / Electrical Team
Paolo Bertolazzi
Alberto Canepa
Giuseppe Tardanico

Visual Identity
Nom de Plume

Ufficio stampa / Press Office
Luisa Mazier

Progetti Educativi / Education
Paolo Schacchetti

Sponsor principale / Main Sponsor
Hofima

Sponsor
Casa di Cura Montallegro,
Rimorchiatori Riuniti

Partner
Fondazione Edoardo Garrone

Sponsor tecnico / Technical sponsor
Tassani